辛德勇

學人書影三集

九州出版社
JIUZHOUPRESS

學人書影三集

作　　者　辛德勇
責任編輯　李黎明
出版發行　九州出版社
地　　址　北京市西城區阜外大街甲 35 號
郵　　編　100037
發行電話　（010）68992190/3/5/6
網　　址　www.jiuzhoupress.com
印　　刷　北京捷迅佳彩印刷有限公司
開　　本　880 毫米 × 1230 毫米　32 開
印　　張　12
字　　數　200 千字
版　　次　2022 年 12 月第 1 版
印　　次　2022 年 12 月第 1 次印刷
書　　號　ISBN 978-7-5225-1507-6
定　　價　128.00 元

圖書在版編目（CIP）數據

學人書影三集 / 辛德勇著．-- 北京：九州出版社，2022.11
ISBN 978-7-5225-1507-6

Ⅰ．①學… Ⅱ．①辛… Ⅲ．①書影－中國－清代
Ⅳ．① G256.29

中國版本圖書館 CIP 數據核字 (2022) 第 227046 號

作者近照

目錄

三七六　避靜默想神功二卷

三八〇　慎思指南六卷卷首慎思條例一卷

自序

《學人書影三集》選編完稿，又到了寫序的時候。從《初集》的經部、《二集》的史部順着排下來，不言而喻，編在這一集裏的書影，是我收存的清刻本子部書籍。

在《學人書影初集》出版的時候，我曾寫到，對於文史學者的專業研究來說，由於清代版刻的豐富性，在瞭解這一時期一般性版刻知識的基礎上，還有很多具體的細節有待認識和揭示。從一個非常有限的側面來反映清代版刻的具體細節和具體典籍的版刻狀況，這是我編著私藏清刻本版本圖錄的目的之一。

下面就從這本《學人書影三集》中舉述一兩個例子，和大家談談相關情況。

選編在這裏的有兩部天主教的著述，一部是《慎思指南》，另一部是《避靜默想神功》，著譯者都是天主教遣使會神父。這類教士的傳教讀物，當日必定大量刷印，廣泛流通，然而由於中國後來的社會變遷，現在學人們要想找到一本收入書齋，已經很不容易。這兩部書雕版都很平常，甚至可以說稍微有些粗率。

這種情況首先告訴我們，爲了更爲廣泛地傳佈天國的福音，天主教會在中國採用了一種比較樸素的形式雕印了這些傳教的書籍，而沒有追求外表的華麗，這當然會節省很多費用。從每一個字的字型筆鋒，到版面的整體雕製樣式，都體現出儉約實用的宗旨。這在很大程度上也可以說是當時華文天主教出版物的普遍追求。

這樣的認識，看起來好像很簡單，但能夠得出這一認識的前提，是瞭解清代版刻的一般狀況，清楚知曉那些或精美或豪華的印本以及製作這些印本所需要的社會條件。歷史學界頗有那麼一些人總是強調要提出所謂『大問題』作爲研究的對象，殊不知人類社會的歷史是由衆多側面和無數細節構成的，既不能用任何一個側面來表徵其整體面貌，也不宜對各種細節都不管不顧，一味師心自用臆造什麼『大問題』；況且我一向認爲，在歷史研究中提出問題並不重要，真正重要的是通過切實的論證來解決問題，而所謂切實的論證，必然要依賴各種細節，必然需要各個方面的具體知識。

具體的歷史知識，在很大程度上都是來自閱讀，閱讀各種各樣的史籍。在閱讀歷史文獻的過程中，直接接觸這些文獻的原始面貌，首先映入我們眼簾的，乃是書籍自身的歷史。翻閱這兩種天主教傳教品，我得到的最直接的印象，是『目錄』中『頁碼』的來源。

所謂『頁碼』的來源，是指在『目錄』的章節名稱下面標出這些章節在書中的具體頁碼。這樣的標記形式，我們很多人在閱讀當代印刷品時一定都會認爲它是理所當然的——我們看書時先看目錄，不就是想要查看自己想看的篇章在哪一頁麼？若是沒有標記頁碼，那麼還印目錄幹什麼？

然而世界上從來就沒有自古以來就如此這般的事兒，就連書籍本身都是歷史發展的產物，它的各項構成要素也必然地是在歷史演進過程中逐漸完善的。影響這一完善過程的因素有很多，與外來文化的交流便是其中一項重要內容。

中國傳統的典籍，一向都是衹在目錄中開列篇目，而沒有標記這些篇章所在的頁碼。在這種情況下，人們通過目錄衹能檢索到『卷』這一層級的內容，無法進一步落實到『卷』中的頁數。雖然從雕版印刷時代一開始書籍就標記了頁碼，但這頁碼衹是向讀者展示其前後次序，根本起不到索引的作用。

大家看這部書影集中展示的《避靜默想神功》目錄頁的書影，它在目錄開列的每一項內容之下，都有『見一張』、『見二張』、見『某張』的標記。這個『張』數，就是該項內容在書中的具體頁碼。《慎思指南》的標記形式與此稍有不同，除了每一項具體內容開始的頁碼之外，還有所包含的其他頁碼，記作『見一二張』『見三四張』『見某某張』，即表示從第一頁到第二頁，從第三頁到第四頁，從第某頁到第某頁，等等。

情況一目瞭然：我們現在在書籍目錄中所看到的頁碼，正是在西來天主教文化的影響下纔出現的。這樣的標記形式當然比沒有頁碼便利多了。不同文明間的文化交流，讓我們的生活變得更加便利，更加舒適，日子也纔能一天比一天過得更好，而故步自封，妄自排外，甚至自以爲種族優越，高人一等，衹能自外於人類文明滚滚向前的軌轍。

談到古籍目錄的傳統標記形式是落實到『卷』這一層級，自然會觸及雕版印刷時代卷次在書中的鐫記形式問題。現代大多數人比較熟悉的『綫裝書』，通常是把卷次和頁碼都刻在書口之處，這也就是人們看書時用手翻動的地方。

這個地方，處在一塊書版正中間的位置，稱作『版心』，左右兩側與之對稱，字行的數目相等。人們在翻書閲讀時，通常衹能看到它的左側或右側一面。版心上除了卷次和頁碼之外，一般還鐫有書名（有時會鐫記簡稱）等内容。當一塊書版雕鐫事竣並刷印出一張張書頁之後，就在版心的中央向後面沒有文字的一側背靠背地對折，再按照前後順序裝訂成册。一册書就這樣生成了。這樣，當我們翻閲這種書册的時候，其實祇能看到一半的書名、卷次和頁碼。

看到這種情况，人們不禁會問，至少我本人會發出這樣的疑問：難道這是一種十分合理的設置麽？爲什麽不在一側（最好是右側）靠近書口的地方專門刻印上一行字以標記書名、卷次和頁碼呢？那樣察看這些内容不是更清楚、也更便利麽？

要想很好地理解這個問題，需要從古書裝幀的演變談起，因爲這是歷史演變的結果。

在雕版印刷術發明之前的寫本時代，主流的書籍裝幀形式，是『卷軸裝』。所謂『卷軸裝』，也就是把書寫成文的紙張，後頁接前頁地粘連成一長張，再像現在人們裝裱書畫一樣捲攏起來。這也就是書籍卷次之『卷』的來歷——一個紙卷（juǎn）書就是一卷（juàn）書。

進入雕版印刷時代之後，雕版印刷的書版，最初並沒有版心這一設置。當時每一塊書版的長度比較大，刷印出印張之後，像寫本時代一樣，後頁接前頁地一張張粘連起來。其具體的裝幀形式，主要有兩種情況：一種一如既往，捲成卷軸；另一種新型裝幀方式，是像現在我們看到的佛經經摺那樣折疊起來，再用一張紙，把最前面一個摺面同最後面那個摺面粘連到一起，形成一個狹長的方冊。這種裝幀形式，亦稱『旋風裝』（我有《重論旋風裝》一文，詳細考述過這種裝幀形式）。

不管是卷軸裝的書籍，還是旋風裝的書籍，雕印書版時都會以數目字的形式在每一塊版片上雕出書名、卷次和本張書頁在這卷書籍中的前後次序（如記作『第若干張』），以便正確粘連。這是雕版印刷書籍中頁碼最初的體現形式。然而它是雕印給粘連書頁的工匠看的，而不是面對讀者。所以有很多頁面的頁碼，都被與之接續的印張遮蓋住了，或是僅僅剩存一部分字形露在外面。

這種旋風裝的形式，沒過多久，就進一步演化：絕大部分世俗的著述，改成了『蝴蝶裝』——這種蝴蝶裝是兩宋時期絕大部分雕版印本的裝幀方式（現存宋本有些已被改裝，不是其原始狀態）；而佛經及某些相關印刷品，則在很大程度上一直保持着原有的形式，衹是旋風裝中連接前後兩個摺面的那張紙，後來放棄不用了——一般把這種裝幀形式稱作『經摺裝』。

在旋風裝時代，書籍的版面，同寫本時代完全相同。當時書籍內文的文字，一行接着一行，中間並沒有任何間隔，在兩張書頁的連接處也是這樣，鐫記頁碼的地方，衹是刻在書版的邊緣，即印在每一個頁面的外邊上。

同旋風裝書籍相比，蝴蝶裝在書版雕鐫形式上有一個重大變化——這就是出現了版心，並在版心上刻出了書名（或爲簡稱）、卷次和頁碼等內容。那麼，這些內容是刻給誰看的呢？假如你僅僅是從後來的線裝書往前看，一定以爲它是給讀者看的，可是你若從前面的卷軸裝刻本或是旋風裝刻本往下看，就會很容易發現：實際情況並非如此。

蝴蝶裝同後來線裝書籍的主要差異，是印張的折疊方式不是背對背，而是面對面，也就是把印字的一面兩兩相對折疊起來，然後在這疊書頁的後背處刷上漿糊，使其相互粘連，結成一體，再在外面包裹一塊稍硬的紙板，把這疊書頁護持起來，成爲書衣。

這樣，由於背面所刷漿糊的粘連，正面的版心部分是無法充分展開的，讀者察看版心的文字，很不方便。然而對裝訂書冊的工匠來說，在他們把印成的書頁折疊起來之前，這張書頁是平展的，是能夠很清晰、也很便利地看到這張書頁所屬的卷次和頁碼的，從而也就能夠保證他們正確無誤地把一頁頁散葉裝訂成書。

這種情況明確無誤地告訴我們，版心上鐫刻的書名、卷次和頁碼，不是刻給讀者而是刻給裝訂工匠看的。正因爲如此，南宋建陽書坊纔會在版框左上角之外新增『書耳』這一構件，刻上本頁內容所在之篇的篇名，以便讀者能夠迅速知曉翻閱到了哪一部分。

早期蝴蝶裝書籍在版片中央設置書口，也是由於其粘連方式致使頁面中間這一部分無法充分展開，導致人們不便閱讀刻在這裏的文字，這纔處利用，在這塊沒法鐫刻正文的空地裏刻上這些便於匠人操作的文字。

也正因爲如此，我們在現存北宋刻本中可以看到，與後來相比，這些早期的刻本，其版心部分所佔的空間相對較窄，即比正文處正常的寬度明顯要窄一些。這樣處理，能夠最大限度提高版木的利用率。另外，由於版心的設置起初祇是出於無奈——書冊的粘連方式令其不得不空出這麼一塊地方，所以版心的雕鐫形式一開始並不完善。譬如，多是白版心，即沒有刻出魚尾。後來雕出魚尾，便於裝訂工在對折時找準中間點，保證折疊的質量，也有助於提高工效（有些北宋時期的書籍，是在版心中央的上下兩端各雕出一條竪線，略似後世的細黑口，祇是沒有魚尾）。隨着雕版印刷技術的發展而發明魚尾，是自然而然的事情。

宋元之際，中國書籍的裝幀形式又出現重大變化，普遍改蝴蝶裝爲『包背裝』。所謂『包背裝』與蝴蝶裝最爲本質的不同，是把書頁的折疊方式由面對面對折反轉過來，改易爲背對背折疊。做出這樣的變革之後，書版版框邊緣之外的空白地方，就由外側的書口，改換到了書背一側。這樣，就可以在這裏打孔，穿上紙捻，把一疊書頁裝訂成冊，然後再在外邊通連前後包裹上一張紙頁，故稱包背裝。

這種包背裝的書籍，使版心中央那條鐫刻書名、卷次和頁碼的空地由中間夾縫改移到了書口。至明代嘉靖、萬曆之際，又去掉那張連通前後、包裹書背的紙張，改而在書前書後各自外敷一頁紙張，再訂上絲線——這就成了所謂『線裝書』。前文所說『線裝書』中書口的鐫記形式，就是從包背裝那裏沿承下來的。

瞭解這樣的歷史因緣之後，我想有人或許會問：那麼，這個印在書口的版心一定必不可少麽？就版心設置之初那種迫不得已的閒地利用意義而言，已經完全沒有必要，而且保留這個版心，還會降低版木的利用率，提高書籍印製的成本。

不過從另一方面來看，儘管衹能看到一半的文字，書口處鐫刻的書名、卷次和頁碼等内容，還是能給讀者提供很大便利。

中國古代的書籍，在卷軸裝時代，是在書軸的頂頭上拴繫標籤，記明該軸書籍是什麽書的哪一卷，讀者想看哪一卷書就拿起哪一軸；或者倒過來說，拿起哪一軸就知道捧在手裏的是哪一卷書。

然而在進入蝴蝶裝時代之後，在相當多的情況下，會把原來的若干卷書裝訂爲一册。這樣，當讀者翻開一册書籍的時候，就衹能依賴翻看書口上的注記來找到自己想看的卷次；或者倒過來説：看到眼前的卷次，馬上就能夠知曉拿在手裏的書本是這部書中的哪一部分。

那麼，能不能不把這些内容刻在書版中央的版心部位而改刻到其他地方呢？可以，在這裏講述這麼多關於版心的内容，便是因爲在我這册書影中就有這麼一種書，它的書口與其他大多數書籍完全不同，即在書口處没有任何特别的處置，而是同其他所有書行一樣，就是順下來的那麼一行文字，把書頁折疊在兩行文字之間的界格上。

這書是《傳家寶外集》當中的一篇，叫作《勸善篇》。它把原來版心的空間，一分爲二：一半刻在書版右邊靠近邊框的地方，記明篇名和頁次（鐫作『第一』『第二』等）；另一半，刻在書版左邊靠近邊框的地方，就那麼一窄條空格，裏面啥也沒刻。

這是一種大膽的嘗試，單純從審美的角度來看，是很成功的，版面獨具特色，顯得頗爲美觀。不過從另一角度來看，這種做法，也存在明顯的缺陷。

首先把篇名和頁碼刻在這個位置，字雖然看得全了，查閱時卻遠不如印在書口處便利，隨手一翻就能看到。其次是包背裝和線裝的書籍，在翻閱書籍時非常容易磨損書口，留出版心中央不刻正文的內容，可以在書口破損時不至於使正文的文字遭到損壞。

正因爲如此，這篇《勸善篇》也衹是在它的前半部做了上述嘗試，後半部就又復歸於常態。

這種嘗試雖然算不上十分成功，但瞭解到版心和書口的來龍去脈之後，我們就可以理解人們做出這種嘗試的合理性，瞭解這種探索的積極意義。中國古代雕版印刷在形式上的很多改進，往往都是由商業性的書坊做出的，前面提到的建陽書坊發明的書耳，就是其中一項著名的事例。在這本《勸善篇》中，我們看到的正是同樣的努力。

這樣的事例，在衆多古籍刻本中是相當罕見的，所以這篇《勸善篇》對中國古代印刷史和古籍版刻的研究，具有特別重要的文物價值和史料價值，而它流傳於世的印本又特別稀少，實在值得珍之重之。

對於每一位喜愛中國歷史文化並願意積極瞭解和認識歷史真實面目的人來說，少說空話，少湊成一堆兒講那些上不着天、下不着地的『大學問』『大道理』，是隨處可以發現實實在在的新問題並從中體會到讀書問學的樂趣的。

二〇二二年八月十一日至十二日記

凡例

一、清代刻本，通常在書前刊印有内封面。這種内封面，是清代刻本的重要標誌，其作用略與今書籍封面相當。今選錄的每一種版刻，凡存有内封面者，不拘完好程度如何，一律印出。惟諸本内封面多襯有薄紙護持，以致無法獲取清晰書影，祈讀者諒之。

二、清代刻本，多鐫印有刻書牌記。牌記是載錄刻書時間和刻書地點的重要附件，其作用略與今書籍版權頁相當。今選錄的每一種版刻，凡存有刻書牌記者，不拘完好程度如何，一律印出。

三、酌情選印一些鐫有刻工姓名和校勘者姓名的頁面。

四、每書原則上選取正文卷一首頁正面（或殘本正文首頁正面）。若正文首頁正面闕失或有嚴重毀損，擇取其他頁面。

五、文字說明，略仿先師黄永年先生與賈二强學長編著《清代版本圖錄》的體例。

六、每書有特別意義的内文，酌情選印若干葉面。

七、爲便於閲覽，印製形式，乃右文左圖。若選收葉面爲偶數或個別說明文字佔兩頁者，則酌情增選一葉，以保持版式不變。

八、版框的高度和寬度，若無特別說明，係指正文首頁版框内側數值，雙邊者據内側細邊。高度係量測右邊框處，寬度係底邊框處正面半葉的數值。

孔子家語十卷末附孔子家語札記一卷

魏晉王肅注　《札記》清劉世珩撰

光緒二十四年至二十六年間劉世珩玉海堂覆宋刻本

底本係毛晉汲古閣舊藏宋蜀刻本，惟刊成後宋刻原本即遇火焚毀，此本版本價值緣此倍增。又此本係由湖北名刻工黄岡陶子麟操刀，刊刻精善，良紙極初印，略見宋刻原本風貌。《孔子家語札記》勘比諸多舊刻舊校，實際多出時人蕭穆之手。校語見識精當，足資參考。鈐『聚學軒』朱文橢圓印，當屬劉世珩饋贈友人之本。

版框高二三五毫米，寬一八〇毫米。細黑口。

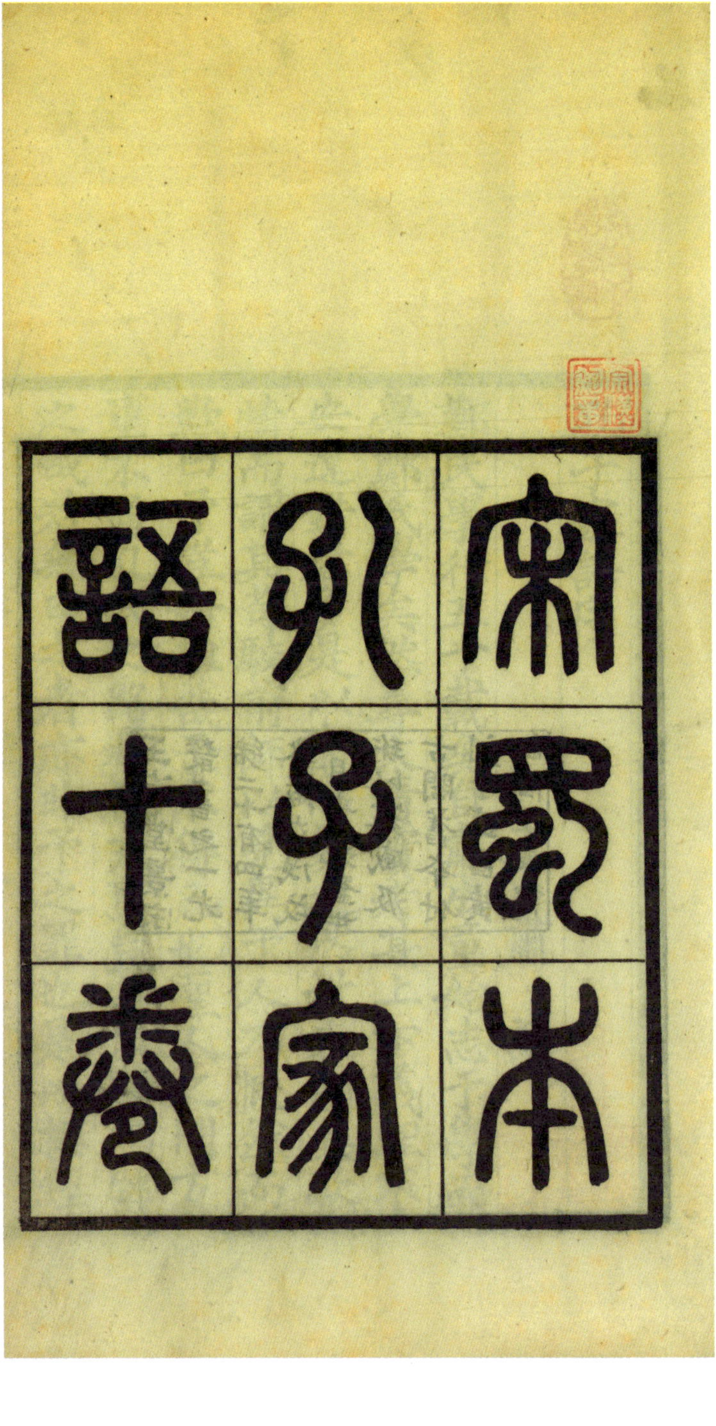

宋本孔子家語十卷

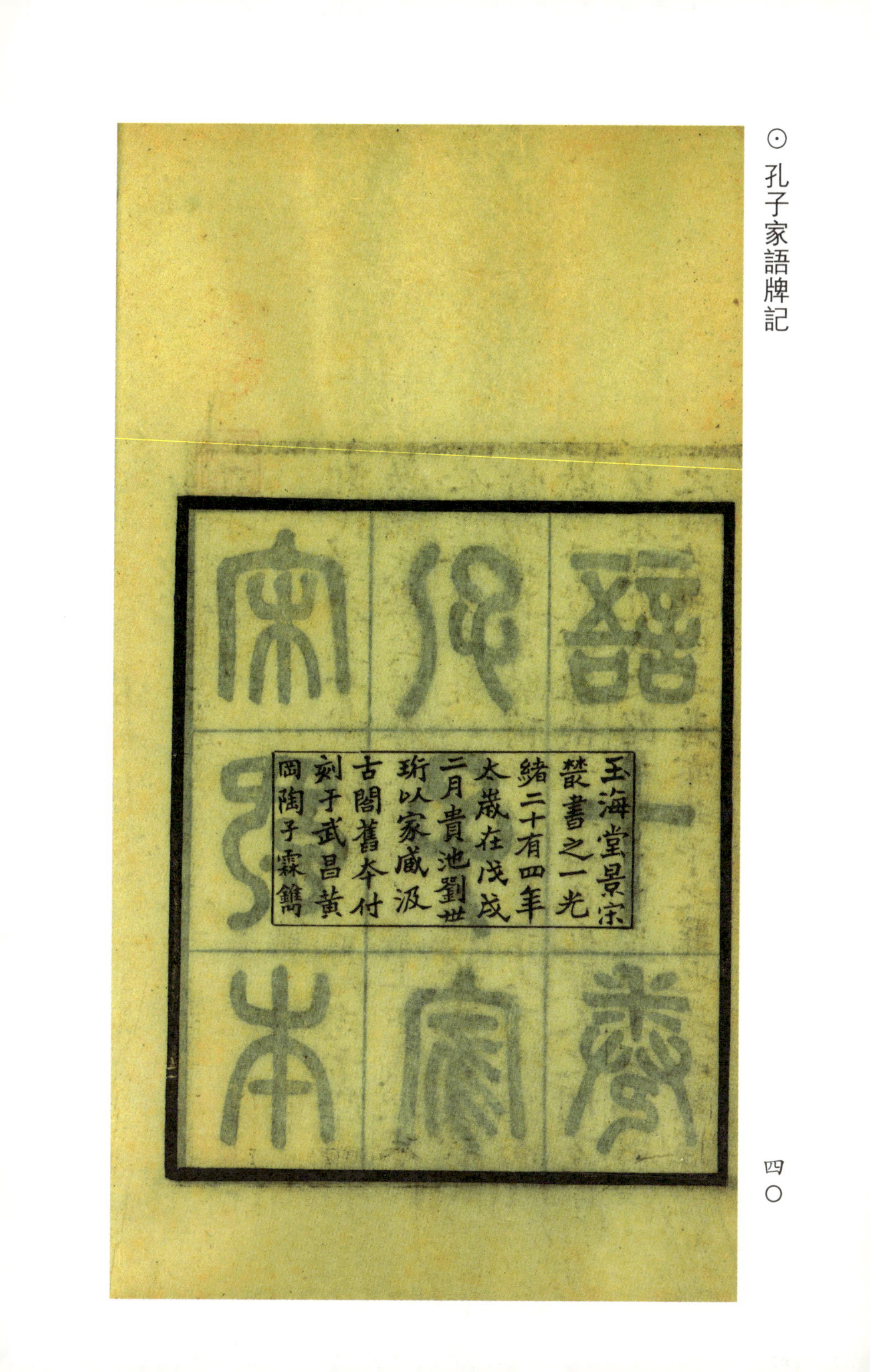

玉海堂景宋
叢書之一光
緒二十有四年
太歲在戊戌
二月貴池劉世
珩以家藏汲
古閣舊本付
刻于武昌黄
岡陶子霖鐫

孔氏家語卷第一　王肅注

相魯第一

孔子初仕爲中都宰（中都魯邑名）制爲養生送死之節長幼異食（如禮五十異糧六十至九十食各以漸加異也）強弱異任（任謂力作之事各從所任不用弱也）男女別塗路無拾遺器不彫僞（不彫僞無文節不詐僞已上養生之節）爲四寸之棺五寸之槨（以木爲之）因丘陵爲墳不封（不聚土起坟）不樹（不植松柏以上送死之節）行之一秊而西方之諸侯則焉（魯國在東故西方諸侯皆則之）定公謂孔子曰學子

孔子家語 八卷

明何孟春注　清盧文弨校補

乾隆三十二年何氏裔孫泰吉邵州刻本

何孟春於弘治年間得元王廣謀注本而重爲之注。此書始刻於正德年間，《四庫全書》列入存目，今即此盧氏校補重刻本亦存世甚罕。鈐『汝槐之印』白文方印、『綠漪草堂』朱文方印，知嘗入道咸間湘潭學人羅汝懷書齋；又鈐『葉德輝煥彬甫藏閲書』朱文方印及『孫人和讀書記』朱文方印，蓋後經葉德輝、孫人和遞藏。首頁另有一『醉經堂』朱文方印，疑屬江華士人吴朝欽。

版框高一七九毫米，寬一二四毫米。白口。

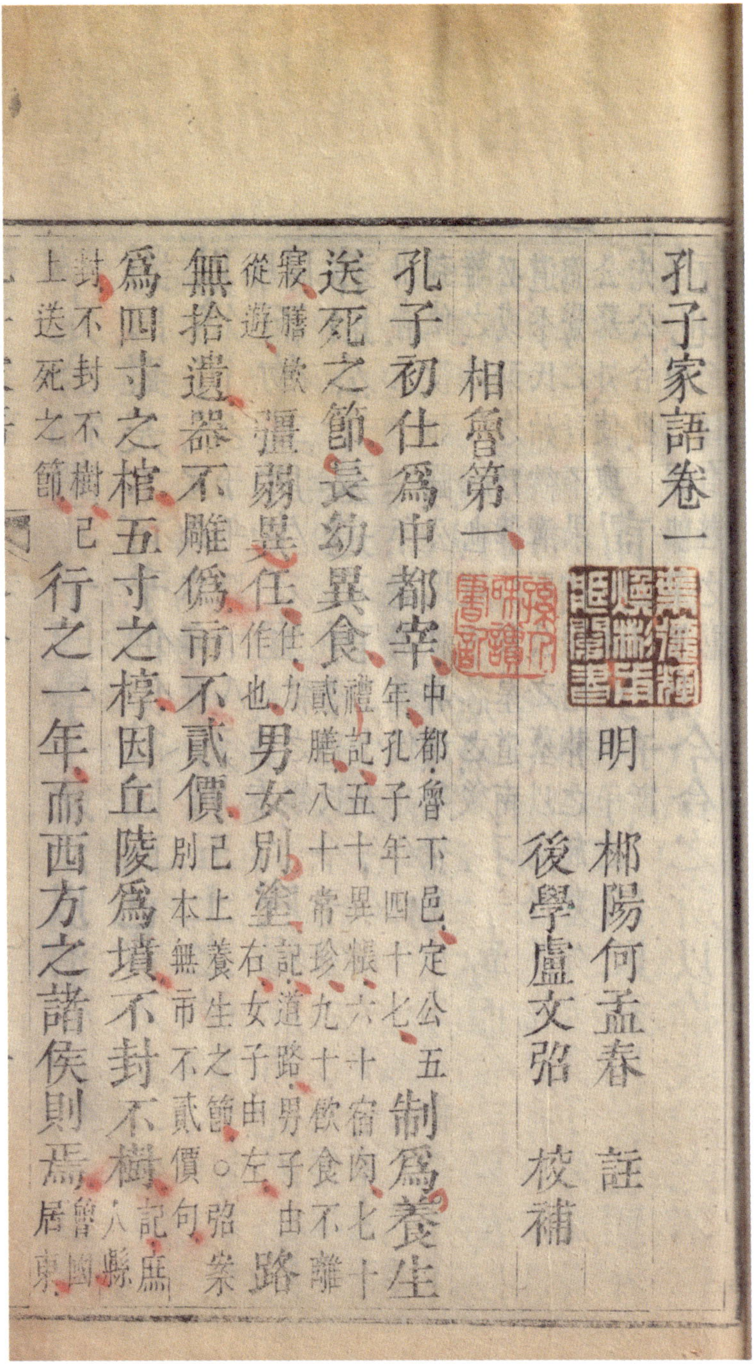
孔子家語卷一

明　郴陽何孟春　註

後學盧文弨　校補

相魯第一

孔子初仕爲中都宰中都魯下邑定公五年孔子年四十七制爲養生送死之節長幼異食禮記五十異粻六十宿肉七十貳膳八十常珍九十飲食不離寢膳飲從遊彊弱異任任力作也男女別塗記道路男子由右女子由左路無拾遺器不雕僞而不貳價已上養生之節○弨案別本無市不貳價句爲四寸之棺五寸之槨因丘陵爲墳不封不樹記庶人縣封不封不樹已上送死之節行之一年而西方之諸侯則焉魯國居東

家語疏證 六卷

清孫志祖撰

乾隆五十九年仁和孫氏原刻本

此書爲後人辨《家語》之僞名作，孫氏斷爲魏晉間人王肅僞撰，所謂討本尋源，一一指明王肅作僞蹤跡。此本爲孫氏原刻之最初印本，墨色鮮明，賞心悅目，殊難得。

版框高一八三毫米，寬一二六毫米。白口。

家語疏證

家語疏證卷之一

仁和孫志祖學

相魯第一

孔子初仕爲中都宰節

案史記孔子世家但云定公以孔子爲中都宰一年四方皆則之王肅因禮記檀弓有夫子制於中都四寸之棺五寸之椁語遂撰出制爲養生送死之節一段其實男女别塗道無拾遺乃下文爲司寇時事此方爲邑宰一年未必化行如是之速期月已可三年有成孔子自言治效之漸固如是耳凡肅所云皆敷

壞孔子宅得古文尚書多十六篇武帝時孔安國家獻之會巫蠱事未列於學官於安國下增一家字足補漢書之漏益自信此心此理之同而大傳所謂作傳畢會國有巫蠱出於安國口中其僞不待辨矣

家語疏證卷之六

曾子家語六卷

清王定安輯

光緒十六年金陵刻本

作者輯録曾子語而以『家語』名之，非舊有『曾子家語』其書也。

本書寫刻精雅，刊刻雖晚，印本卻很稀少，故稍后即有以此本石印行世者。此本極初印，字鋒爽利，墨色鮮明。諸卷目録及篇末分别鐫有『江陵魏煦培襄校』『桐城洪恩波襄校』『丹徒陳慶年襄校』『東湖黄學濂襄校』注記。

版框高一九二毫米，寬一二八毫米。白口。

曾子家語

光緒十五六年

九月栞于金陵

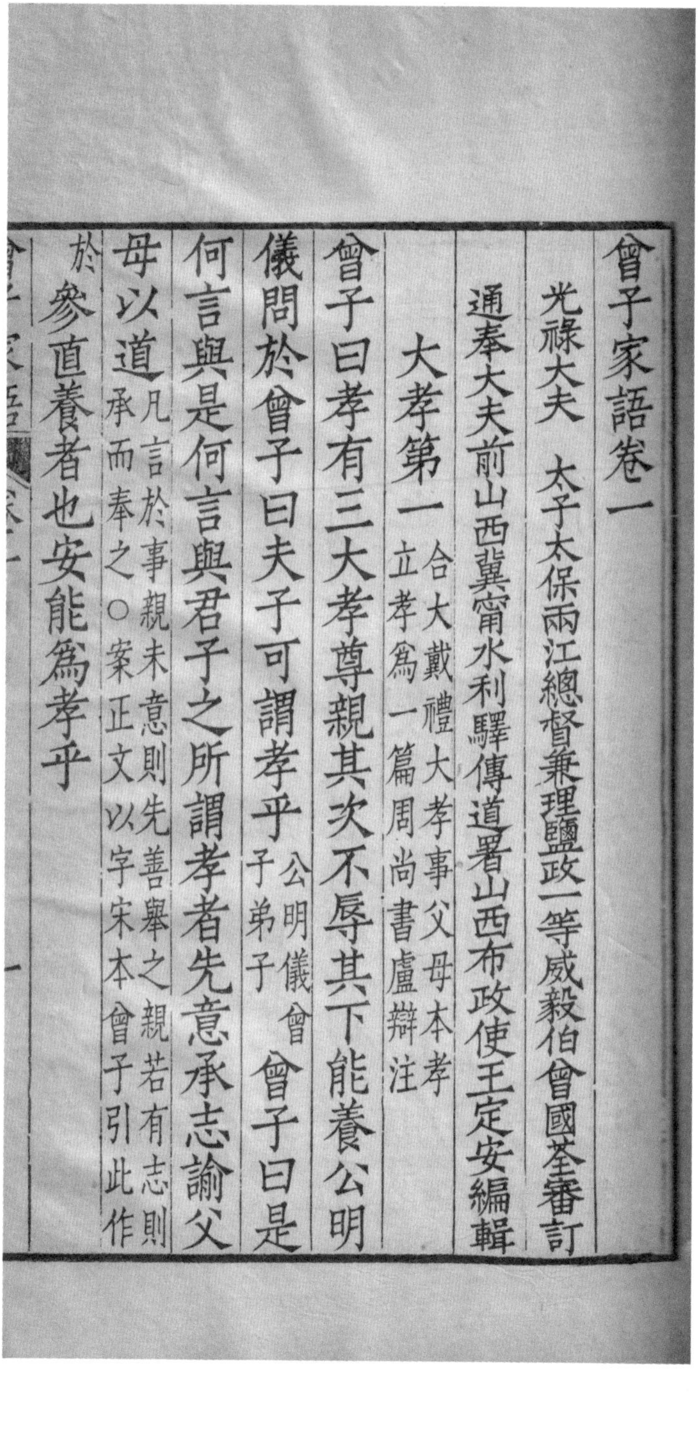
曾子家語卷一

光祿大夫　太子太保兩江總督兼理鹽政一等威毅伯曾國荃審訂

通奉大夫前山西冀甯水利驛傳道署山西布政使王定安編輯

大孝第一　合大戴禮大孝事父母本孝立孝爲一篇周尚書盧辯注

曾子曰孝有三大孝尊親其次不辱其下能養公明儀問於曾子曰夫子可謂孝乎公明儀曾子弟子曾子曰是何言與是何言與君子之所謂孝者先意承志諭父母以道凡言於事親未意則先善舉之親若有志則承而奉之○案正文以字宋本曾子引此作於參直養者也安能爲孝乎

曾子家語　卷一　一

⊙ 曾子家語內文首頁

删定荀子 一卷

清方苞删定

乾隆元年寫刻本

此書與方氏所删定《管子》一併刊行，内封面題『删定管荀』。又卷端題『混同顧琮用方氏參校』，知滿族官員顧琮亦參與其事。方苞删定此書，意在整齊文字，削減冗贅，順暢詞章，以盡古文家之能事。通篇圈點，且時有批注，頗便初學者摹擬行文筆法。

版框高一八八毫米，寬一二四毫米。白口。

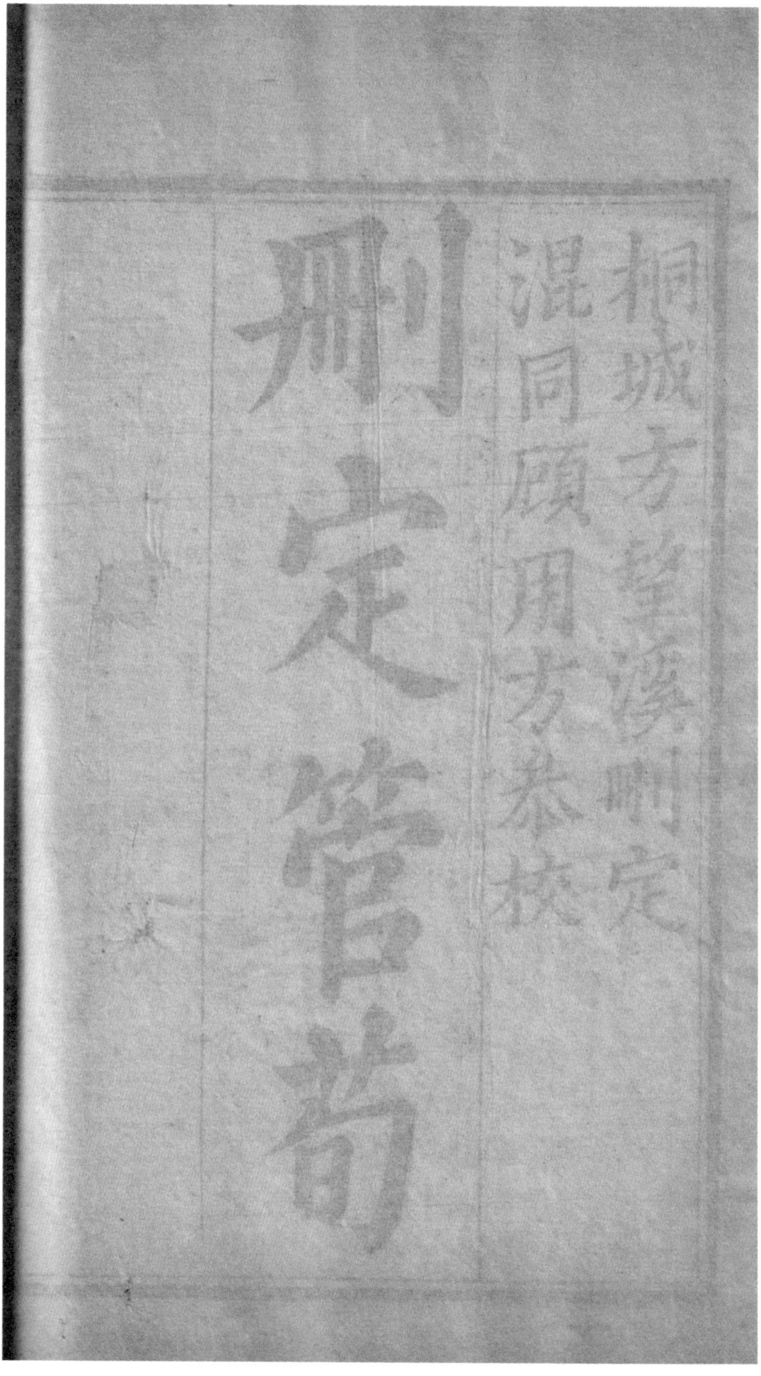

桐城方望溪刪定
混同顧用方參校

刪定管荀

刪定荀子管子序

自周以前上明其道而下守之以爲學舍故府之禮籍史臣之記載太師所陳之風謠無家自爲書者周衰道散然後諸子各以其學鳴惟荀氏之書略述先王之禮教管氏之書掇拾近古之政法雖不偏不該以視諸子之背而馳者則有閒矣而其義之駁辭之蔓學者病焉切而究之荀氏之疵累乃其書所自具而管氏則衆法家所附綴而成且雜以道家之說齊

荀子

桐城方苞望溪氏刪定　混同顧琮用方氏參校

勸學

君子曰學不可以已青出之于藍而青于藍冰水爲之而寒于水木直中繩輮以爲輪其曲中規雖有槁暴不復挺者輮使之然也故木受繩則直金就礪則利君子博學而日參省乎己（苞按以所學于古者參驗省察于己之所行也）則知明而行無過矣故不登高山不知天之高也不

中說十卷

隋王通撰　宋阮逸注

光緒十六年陳矩覆刻宋本

《中說》亦稱《文中子中說》，蓋門人私謚王通『文中子』。此書乃仿孔子《論語》而作，在中國文化史上具有特殊意義。陳氏於日本書肆得此書宋本，覆刻印行，刊刻至精至善，惟妙惟肖，竟致有僞充宋本欺人者。此本極初印，字畫爽利，墨色鮮明，且用上等皮紙印製，至精至美。

版框高一六〇毫米，寬一〇九毫米。白口。

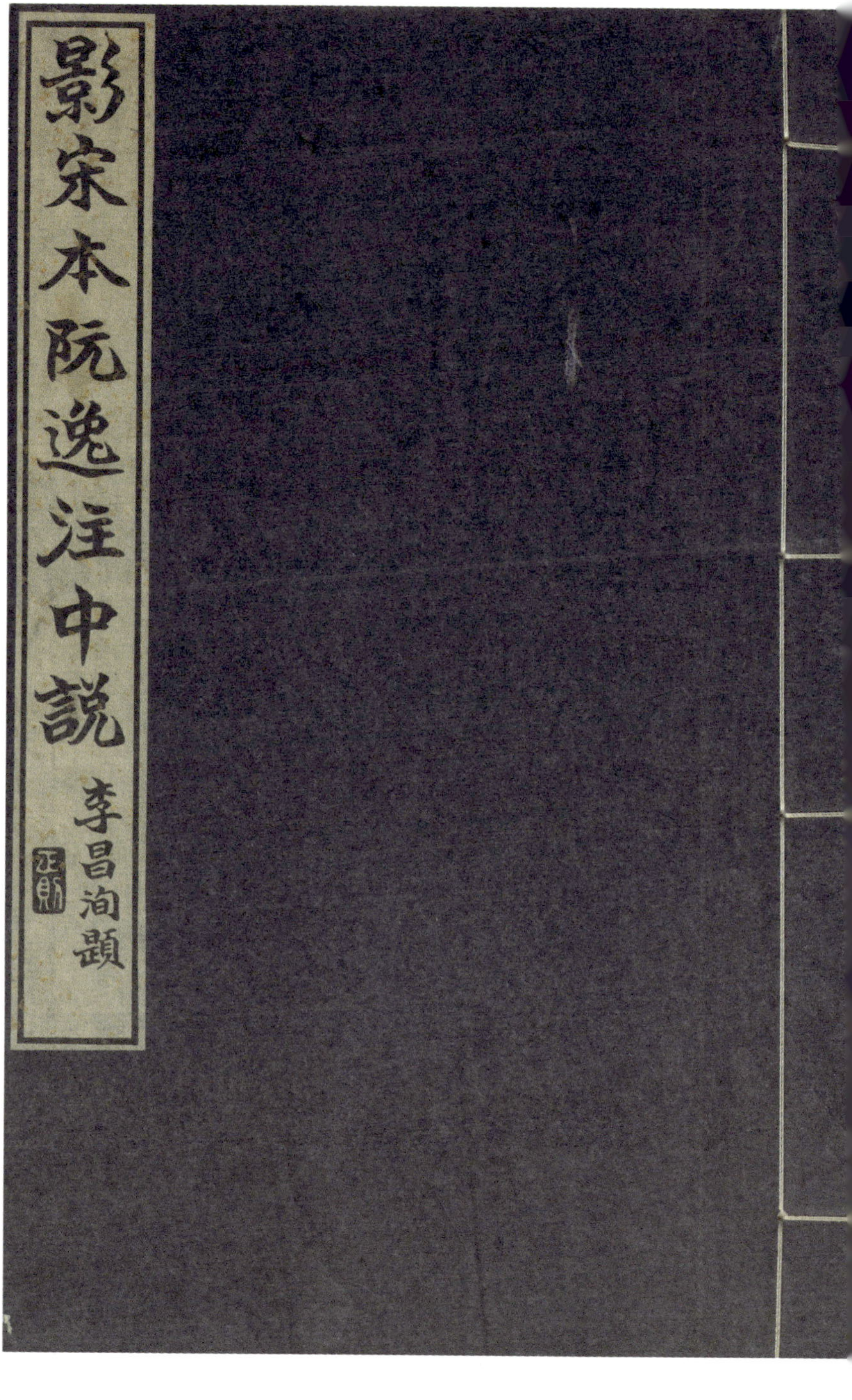
影宋本阮逸注中說
李昌洵題

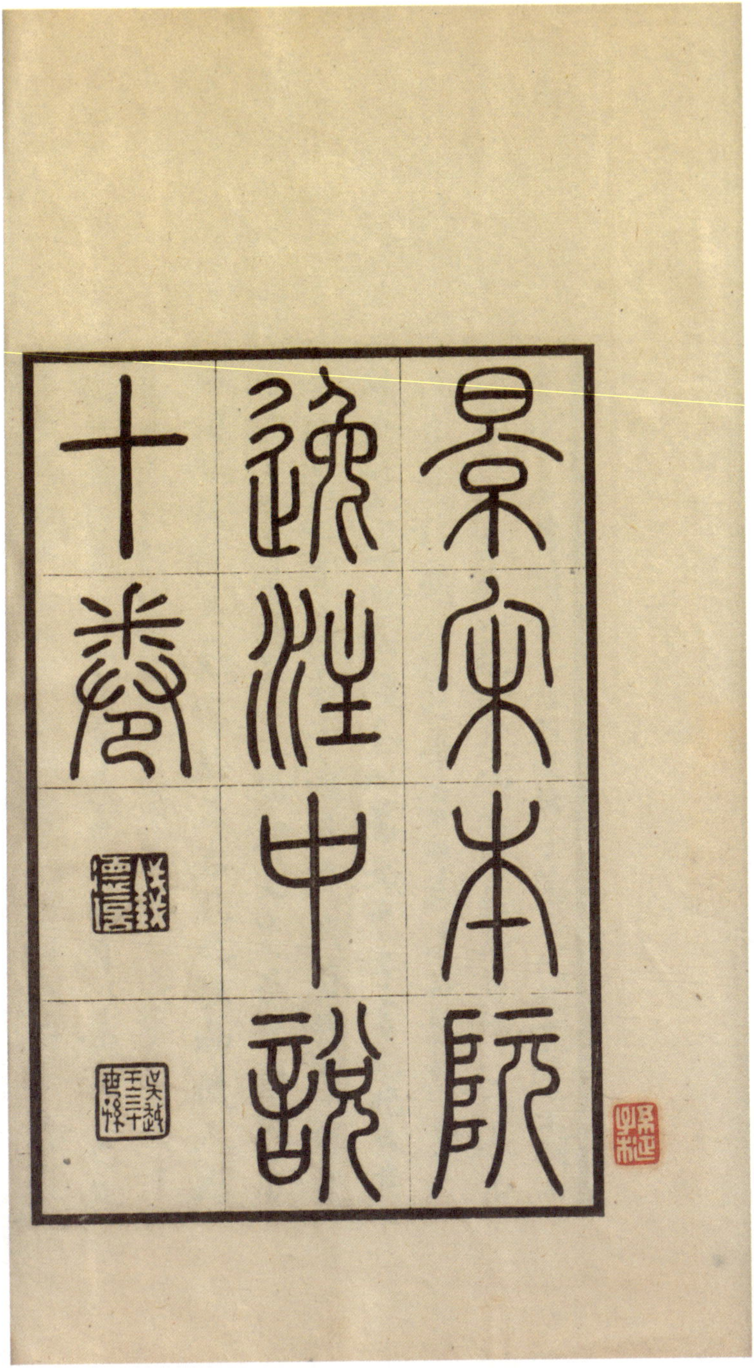
景宋本阮逸注中說
十卷

文中子中說序

周公聖人之治者也後王不能舉則仲尼述之而周公之道明仲尼聖人之備者也後儒不能達則孟軻尊之而仲尼之道明文中子聖人之修者也孟軻之徒歟非諸子流矣蓋萬章公孫丑不能極師之奥盡録其言故孟氏章句略而多闕房杜諸公不能臻師之美大宜其教故王氏續經抑而不振中說者子之門人對問之書也薛收姚義集而名之唐太宗正觀初精修治具文經武略高出近古若房杜李魏二温王陳輩迭爲將相實永三百年之業斯門人之功過半矣正觀二年御史大夫杜淹始序中說及文中子世家未及進用爲長孫無忌所抑而淹尋卒故王氏經書散在諸孤之家代莫得聞焉二十三年太宗没子之門人盡矣惟福時兄弟（福時文中子幼子）傳授中說於仲父凝始爲十卷今世所傳本文多殘缺誤以杜淹所撰世家爲中說之序（杜正觀二年卒今世所傳本乃正觀二十三年序）又福時於仲父凝得關子明傳凝因言關氏卜筮之驗且記房魏與太宗論道之美亦非中說後序也蓋同藏

中說卷第一

王道篇　　阮逸注

文中子曰甚矣王道難行也吾家頃銅川六世矣上黨有銅堤縣未嘗不篤於斯斯文然亦未嘗得宣其用不遇時退而咸有述焉則以志其道也志記蓋先生之述曰時變論六篇其言化俗推移之理竭矣江州府君之述曰五經決錄五篇其言聖賢制述之意備矣晉陽穆公之述曰政大論八篇其言帝王之道著矣同州府君之述曰政小論八篇其言王霸之業盡矣安康獻公之述曰皇極讜義九篇其言三才之去就深矣銅川府君之述曰興衰要論七篇其言六代之得失明矣自先生至銅川文中子世家言之備矣時變論至興衰要論今皆亡六代晉宋後魏北齊後周隋也余小子獲覩成訓勤九載矣大業元年自長安歸著六經至九年功畢服先人之義稽仲尼之心天人之事帝王之道昭昭乎因祖德考聖師而明子謂董常曰吾欲修元經稽諸史論不足徵也董常字履常弟子亞聖者元經春秋異名也義包五始故曰元經史論謂歷代史臣於紀傳後贊論之類是也吾得皇極讜義焉去就適中權衡襃貶吾欲續詩考諸集記不足徵也前賢文集所記吾得時變論焉化俗推移以正風雅吾欲續書按諸載錄不足徵

不可使文中之後不達于茲也乃召諸子而授焉正觀十六年余二十一歲受六經之義三年頗通大略嗚呼小子何足以知之而有志焉十九年仲父被起爲洛州錄事又以中說授余曰先兄之緒言也余再拜曰中說之爲教也務約致深言寡理大其比方論語之記乎孺子奉之無使失墜余因而辯類分宗編爲十篇勒成十卷其門人弟子姓字本末訪諸紀諜列於外傳以備宗本焉且六經中說于以觀先君之事業建義明道垂則立訓知文中之所爲者其天乎年序寖遠朝廷事異同志淪殂帝閽攸邈文中子之教抑而未行吁可悲哉空傳子孫以爲素業云爾時正觀二十三年正月序

光緒十有六年歲在庚寅貴陽陳氏開彫

二程粹言 二卷

宋楊時、張栻編

康熙間石門呂氏寶誥堂刻《河南程氏全書》本

程顥、程頤兄弟著述傳本衆多，此寶誥堂刻本校刊較爲精善，雖爲叢書零本，但書品整潔，捧而讀之，令人心安神怡。

版框高一七二毫米，寬一三五毫米。黑口。

二程粹言卷之一

宋龜山楊　時訂定
宋南軒張　栻編次

論道篇

子曰道外無物物外無道在父子則親在君臣則敬有適有莫於道已爲有間又況夫毀髮而棄人倫者乎

子曰立言所以明道也言之而知德者厭之不知德者惑之何也由涉道不淺素無涵蓄爾

子曰傳道爲難續之亦不易有一字之差則失其本旨矣

或謂惟太虛爲虛子曰無非理也惟理爲實或曰莫大於太虛曰有形則有小大太虛何小大之可言

子曰有者不可謂之無猶人知識聞見歷數十年之後一

心經 一卷

宋真德秀撰

光緒二十二年武英殿影宋刻本

書中摭取聖賢論心格言，復摘引諸儒議論爲之作注，意在存心中正，以期『散之萬事，其用無窮』。康雍乾時期盛極一時的武英殿刻書，到光緒年間已衰落至僅寥寥數種而已。此書刊刻前兩年，甲午戰敗，割地賠款，時局危殆。當此之際，朝廷梓行《心經》，顯然意在維護『官心』。初印。下書口鐫刻工姓名。

版框高二三四毫米，寬一八〇毫米。白口。

真西山心經

光緒丙申仲冬

武英殿影宋刊

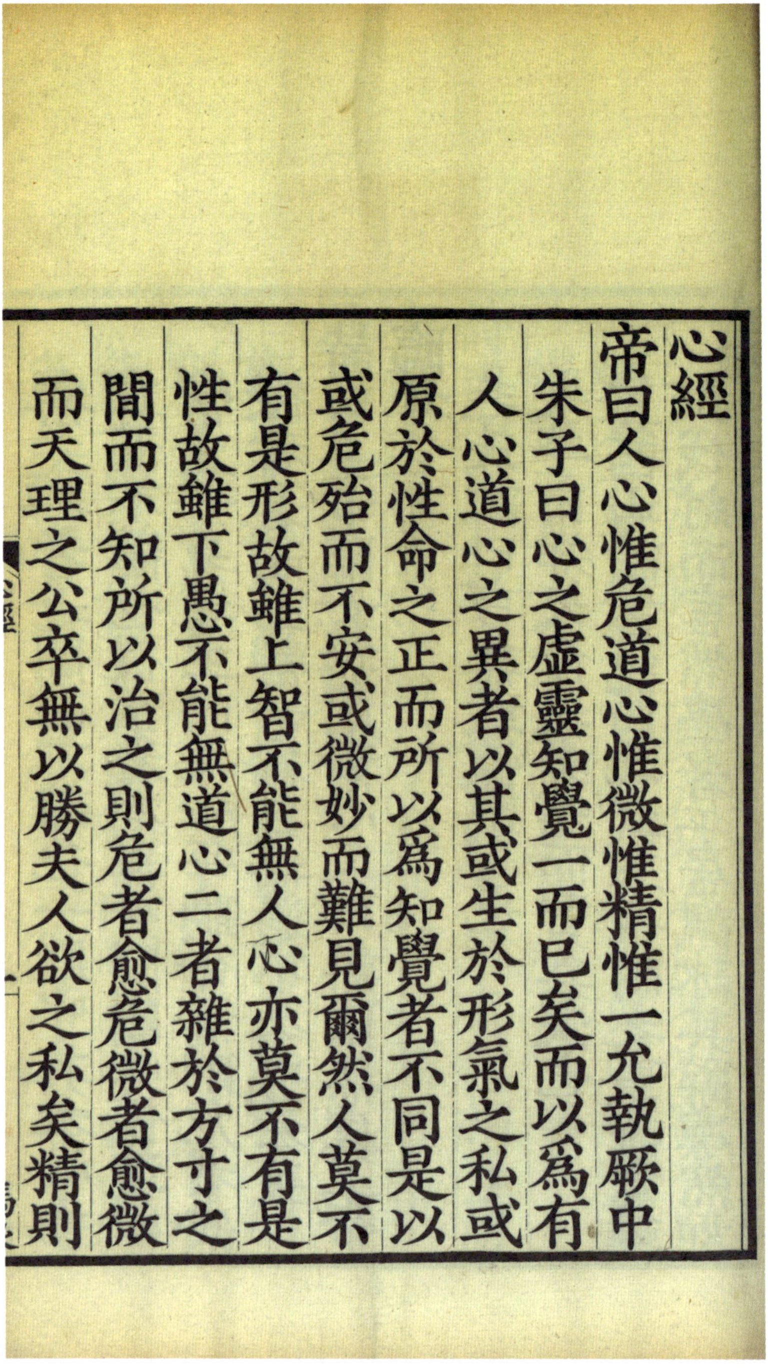

心經

帝曰人心惟危道心惟微惟精惟一允執厥中

朱子曰心之虛靈知覺一而已矣而以爲有人心道心之異者以其或生於形氣之私或原於性命之正而所以爲知覺者不同是以或危殆而不安或微妙而難見爾然人莫不有是形故雖上智不能無人心亦莫不有是性故雖下愚不能無道心二者雜於方寸之閒而不知所以治之則危者愈危微者愈微而天理之公卒無以勝夫人欲之私矣精則

⊙ 心经内文首頁

政經 一卷

宋真德秀撰

光緒二十二年武英殿影宋刻本

是書採摘儒家經書論政之言以爲經，復選錄《史記》《漢書》等書之爲政行事作傳注，另附有真氏本人『政跡』。或謂非出於真德秀手。清廷於此時在武英殿一併刊刻真氏《心》《政》二經，顯然是想藉此激勵各級官員勤勉施政，以回狂瀾於既倒，支大廈於將傾，當然這祇能是夢幻而已。初印。下書口鐫刻工姓名。

版框高二三一毫米，寬一七七毫米。白口。

真西山政經

光緒丙申仲冬
武英殿影宋刊

西山先生真文忠公心經一書行於世至徽禁
中端平乙未夏五　公薨後兩月　從臣洪公
舜俞咨夔在　經筵
上出　公心經曰　真某此書
朕乙夜覽而嘉之卿宜爲之序　洪公退嘗與
邁言至相顧隕涕既而　洪公亦告瘁不知是
書嘗序與否也今所謂政經者乃
先生再守溫陵日所著邁時分教睢邸鄉友趙
時棣宗華爲法曹朝夕相與親炙琴瑟書冊之
側遂得此經寘在四方門人之先而四方門人

復初錄 一卷

題明黃道周撰

道光間海虞顧湘刻《小石山房叢書》本

是書講述拯救世道人心的行爲準則，卻絕不見黃門弟子稱道，惟清康熙時人彭定求嘗謂得此書於文昌宮，並因感悟黃説而自號『復初學人』，事見羅有高《尊聞居士集》。因疑此書即出自彭手而託名於黃氏。顧氏《小石山房叢書》初印無幾即遭洪楊兵燹受損，至同治年間修版再印卻未列此書，故此本極爲罕見。

版框高一七一毫米，寬一一二五毫米。黑口。

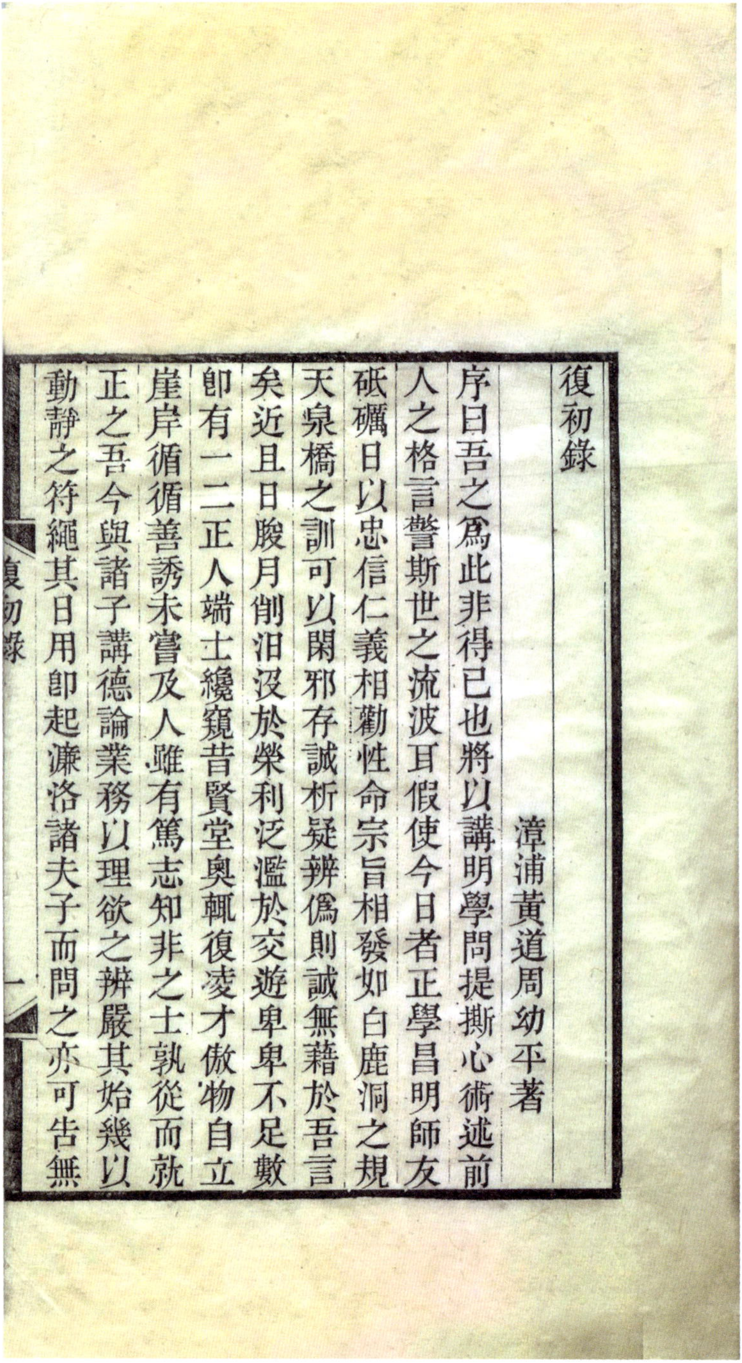
復初錄

漳浦黃道周幼平著

序曰吾之爲此非得已也將以講明學問提撕心術述前人之格言警斯世之流波耳假使今日者正學昌明師友砥礪日以忠信仁義相勸性命宗旨相發如白鹿洞之規天泉橋之訓可以閑邪存誠析疑辨僞則誠無藉於吾言矣近且日朘月削汩沒於榮利泛濫於交遊卑卑不足數卽有一二正人端士纔窺昔賢堂奧輒復凌才傲物自立崖岸循循善誘未嘗及人雖有篤志知非之士孰從而就正之吾今與諸子講德論業務以理欲之辨嚴其始幾以動靜之符繩其日用卽起濂洛諸夫子而問之亦可告無

復初錄　一

⊙ 復初錄內文首頁

御製資政要覽三卷後序一卷

清世祖愛新覺羅福臨撰　《後序》廷臣黨崇雅等撰

順治十二年内府刻本

福臨序文云於《四書》《五經》《通鑑》等書中領悟修身爲政之道，鉤玄提要，編録爲君道、臣道、父道、子道等類事項三十篇，以期簡而易閲。此書同時印製上、中、下三等本子，此爲其中上等版本。仿宋蝴蝶裝，書衣係硬紙板，外包黄綾。此等裝幀在清刻本書籍中極爲罕見，應是仿照宫中所藏宋刻舊本製作。

版框高一七三毫米，寬一五四毫米。黑口。

御製資政要覽
卷之一

御製資政要覽序

朕惟帝王爲政。賢哲修身。莫不本於德而成於學。如大匠以規矩而取方

御製資政要覽卷之一

君道章第一

得道者必靜。靜而寧。可以爲天下貞。故至精無象。而萬物以成。至聖無事。而千官盡能。苟有事。則必有所不事。此事所以隳也。

御製資政要覽 三卷

清世祖愛新覺羅福臨撰

順治十二年内府刻本

此本爲《資政要覽》同時所刻上、中、下三等本子中的中等版本，開本最大。包背裝，藍綾面。又此本略去上等蝴蝶裝本所附黨崇雅等十餘名廷臣後序，復以此十餘人之名合撰一篇後序代之。此書刻成後即賜予異姓公以下、文官三品以上各一部，故其上、中、下三等之分，應是依領受者品級高低而區別對待。

版框高二三六毫米，寬一六六毫米。黑口。

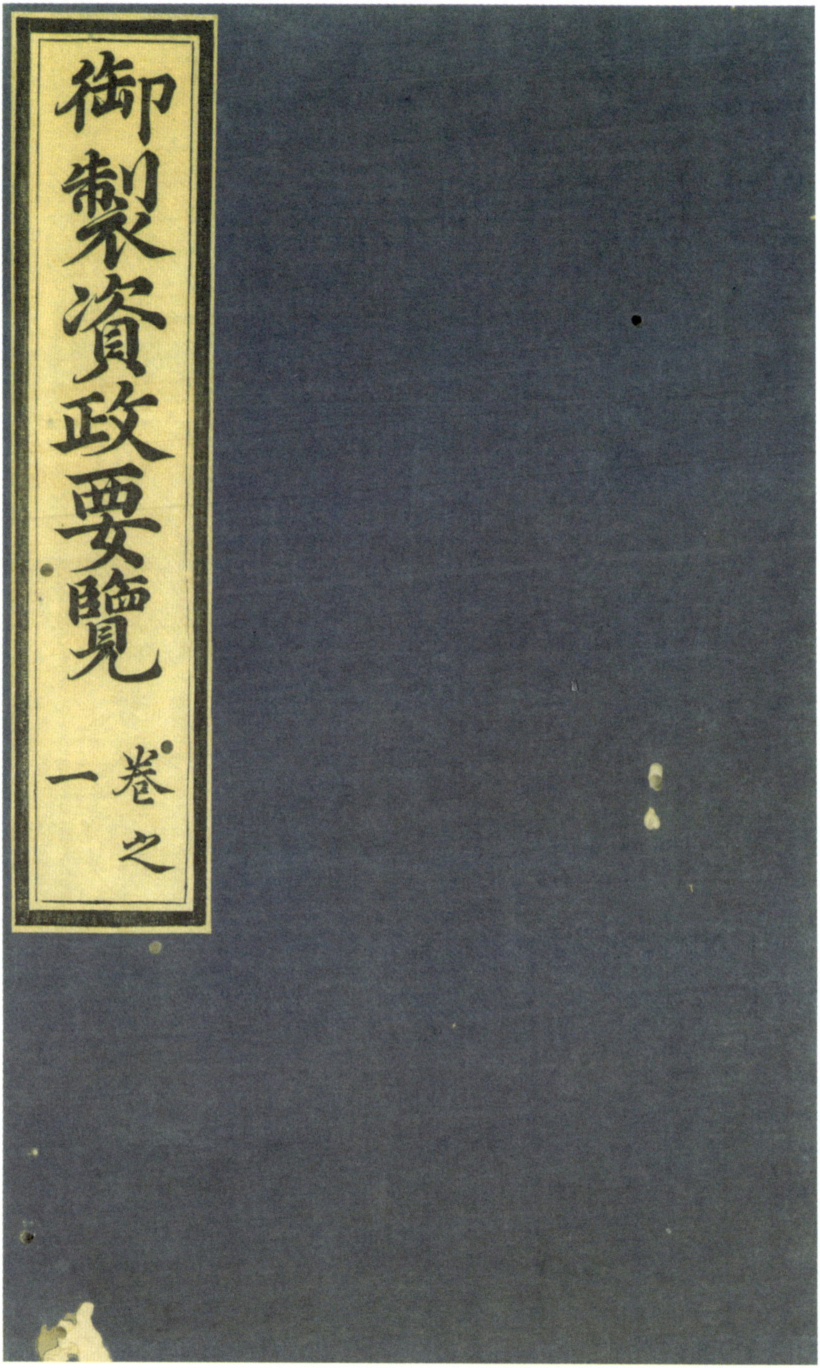
御製資政要覽
卷之一

御製資政要覽序

朕惟帝王為政。賢哲修身。莫不本於德而成於學。如大匠以規矩而取方圓。樂師以六律而正五音。凡古人嘉言善行。

御製資政要覽卷之一

君道章第一

得道者必靜。靜而寧。可以為天下貞。故至精無象。而萬物以成。至聖無事。而千官盡能。苟有事。則必有所不事。此事所以驟也。譬之為車者。數官然後成。夫治天下。豈特為車哉。衆智衆能之所持也。蒼頡作書。后稷作稼。伶倫作律。昆吾作

御製資政要覽內文首頁

御製資政要覽三卷

清世祖愛新覺羅福臨撰

順治十二年內府刻本

此本爲《資政要覽》同時所刻上、中、下三等本子中的下等版本，巾箱小本，綫裝。又此本與中等本一樣略去上等蝴蝶裝本所附黨崇雅等十餘名廷臣後序，復以此十餘人之名合撰一篇後序代之。此上、中、下三等《資政要覽》，版刻及裝幀實都別有特色，俱屬一時名刻，自有獨特珍賞價值。

版框高一三〇毫米，寬九〇毫米。黑口。

⊙ 御製資政要覽書函

朕諄諄教喻之心。庶乎其不虚矣。

順治十二年正月吉

日序

御製資政要覽卷之一

君道章第一

得道者必静。静而寧。可以爲天下貞。故至精無象。而萬物以成。至聖無事。而千官盡能。茍有事。則必有所不事。此事所以聫也。譬之爲車者。數官然

範行恆言 一卷

佚名撰

順治十二年內府刻本

據王先謙《東華錄》及《清史稿》等書記載，順治十二年九月與《御製資政要覽》等書一道將此書頒賜異姓公以下、文官三品以上各一部。惟諸書行文含混，以致後世往往以爲此書亦爲清世祖愛新覺羅福臨御撰。此本卷首鐫有福臨『御製範行恆言引』，有『偶披覽斯編』云云，知乃福臨敕命刊行者。仿古包背裝，頗雅緻。

版框高二〇〇毫米，寬一三三毫米。白口。

⊙範行恒言書衣

御製範行恆言引

人之生也。內有親。外有友。見親則知愛。見友則

範行恒言

孝順訓

服事此親不要祇作情識之親看便要知此親是極聖極賢與天地同量便要奉之長在天堂成仙作佛萬刼供任

⊙範行恒言內文首頁

勸學文 一卷

清世祖愛新覺羅福臨編錄

順治十三年內府刻本

此書內含《宋真宗皇帝勸學》、《宋仁宗皇帝勸學》、《司馬溫公勸學歌》、《柳屯田勸學文》、《王荊公勸學文》、《白樂天勸學文》、韓愈《符讀書城南》、孫明復《諭學》諸勸學詩文，全書篇幅甚短。雖福臨自言『覽觀載籍，採勸學文九篇』，實乃原樣鈔錄於宋元間人纂《古文真寶》。刊刻精雅，包背裝。

版框高一七二毫米，寬一一八毫米。白口。

勸學文

御製勸學文引

昔周禮以鄉三物教萬民
而賓興之知仁聖義忠和
謂之六德孝友睦婣任恤
謂之六行禮樂射御書數

勸學文

宋真宗皇帝勸學

富家不用買良田書中自有千鍾粟安居不用架高堂書中自有黃金屋出門莫恨無人隨書中車馬多如簇娶妻莫恨無良媒書中有女顏如玉男兒欲遂平生志六經勤向窗前讀

宋仁宗皇帝勸學

朕觀無學人無物堪比倫若比於草木草

御製勸善要言 一卷

清世祖愛新覺羅福臨編撰

順治十二年内府刻本

福臨自言其於羣籍中擇取勸善格言編爲此書，乃『欲使賢愚同喻，小大共知』，其實際意圖，與同時所製《資政要覽》等書一樣，不過是在血腥征服之後再來收拾漢地世道人心而已。此書刊刻整飭，仍存明内府刻本舊式。

版框高二四三毫米，寬一七〇毫米。黑口。

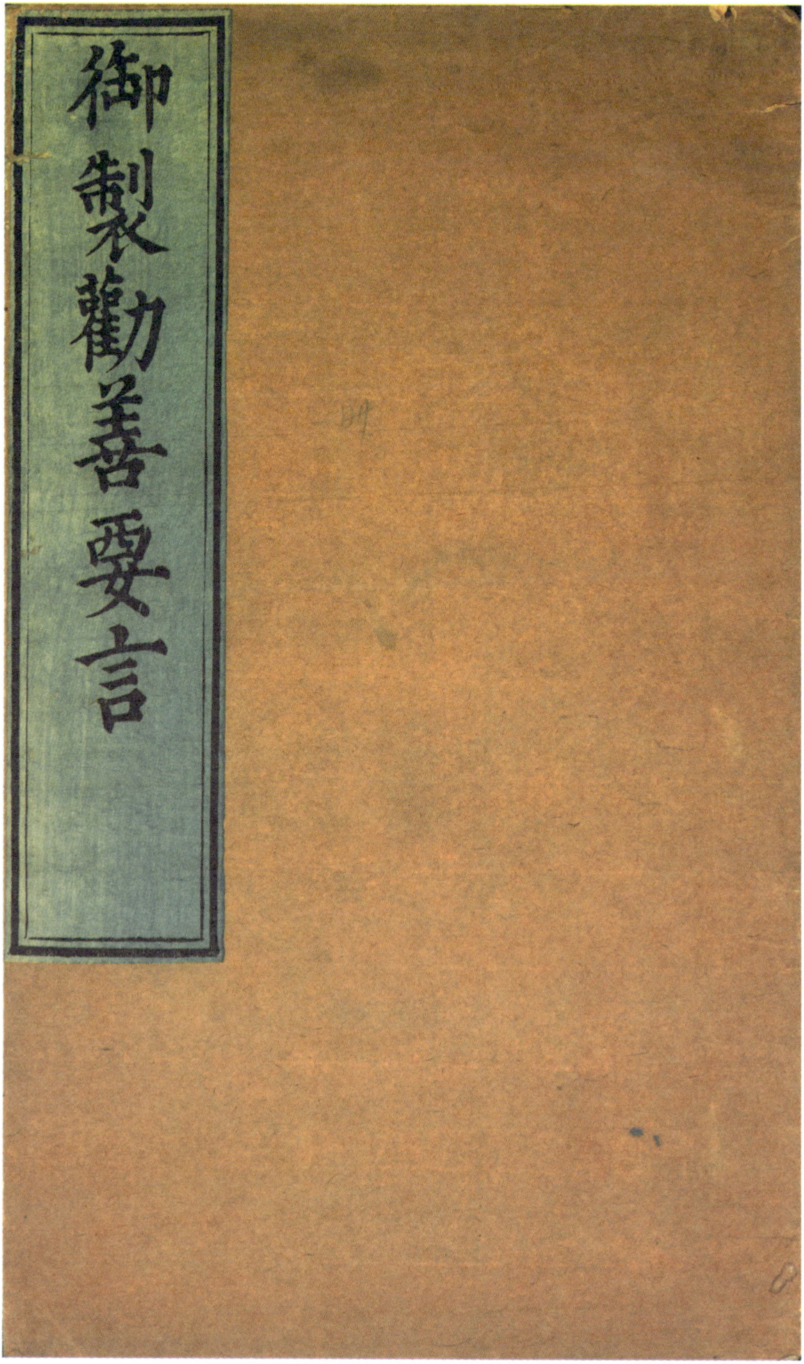
御製勸善要言

御製勸善要言序

朕惟

天道至善卽以其善賦之下民故人之生無有不善其或有不善者皆因内蔽於私欲外

御製勸善要言

積善之家必有餘慶積不善之家必有餘殃

唯上帝不常作善降之百祥作不善降之百殃

惠迪吉從逆凶唯影響

懷善者應之以祚抉惡者報之以殃

論學酬答四卷

清陸世儀撰

道光間海虞顧湘刻《小石山房叢書》本

陸氏爲清初理學名家，是由王陽明心學轉入清代漢學之間的過渡性學者。此書收錄陸氏與友人論學信札。《小石山房叢書》甫一刻成，即遭洪楊之亂，書版受損，至同治年間修版重刷，始大量印行，此本乃原版初印，甚罕見。

版框高一七一毫米，寬一二五毫米。黑口。

論學酬答卷一

太倉陸世儀桴亭著

與陳言夏論動靜書

前夕與三兄論道各言所得聽者忘疲坐者忘倦較前三月朔之會殊覺不同日來靜處書齋頗有自得之樂因思吾兄所慮殆字未去此病在認動靜未眞每每離動求靜主人不來盜賊愈熾先儒所云破屋禦寇非虛語也十五日晚再晤吾兄云循弟動靜之說求之覺殆字已去一二又云持咒似與儒理相悖此吾兄學問得力之候所謂悟生于疑者也而言下未能決然是猶在交戰之際則請得再明動靜之說夫動靜非一端也有身之動靜有心之動

懺摩録 一卷

清彭兆蓀輯

道光間海虞顧湘刻《小石山房叢書》本

彭氏自言其學由科舉俗學而至記問詞章之學，再進至訓詁考據，最終歸宗於聖賢大道。此書作於嘉慶十七年，道光年間刻入顧氏《小石山房叢書》印行，此本即其初印者，頗罕見。惟《小石山房叢書》初成未久，洪楊兵燹即波及海虞，書版嚴重損毁，至同治年間始修整重刷，廣泛印行，而其版片印工均遠不及此初印者精善。

版框高一七二毫米，寬一二三毫米。黑口。

懺摩錄

鎮洋彭兆蓀湘涵著

昔朱子讀書一邊於冊子上做工夫一邊於身心上做功夫我生四十四年矣小時讀書尚不至愚闇而一誤於科舉俗學再誤於記問詞章三誤於訓詁考據迴憶數十年中抛心力廢時日形神交敝而於聖賢大道茫乎未有得也此眞夫子所謂四十無聞四十見惡者靜言思之通身汗下今年正月十四日過同里楊君叔溫齋談次以嘉定黃忠節公日記見示假歸讀之其省察克治之密有梵行之精純而非虛無寂滅之謂守·儒宗之軌範而無道學門戶之分有體有用要歸於靜·存動

管子地員篇注四卷

清王紹蘭撰

光緒十七年胡燏棻寄紅山館刻本

班固《漢書·藝文志》列《管子》於道家，實際内容龐雜兼融，更應歸屬於雜家，惟其《地員》一篇則多屬農家學説。此本書口下端鐫『寄紅山館』，版刻平常，亦非稀見，緣《地員篇》多專門農事技術，與德勇歷史地理專業關係密切，而王氏注釋旁徵博引，對理解其書頗有助益，故鄭重收储，以便翻檢。

版框高一六一毫米，寬一〇七毫米。白口。

管子地員篇注內文首頁

管子地員篇注卷一

蕭山王紹蘭著　後學胡燏棻校刊

地員第五十八

說文地元气初分輕清陽爲天重濁陰爲地萬物所陳列也从土也聲員讀伍員之員說文員物數也从貝口聲凡員之屬皆从員䞓物數紛䞓亂也从員云聲員爲物數䞓从員則物數紛䞓謂之䞓即物數紛䞓謂之員員从貝者貝下云海介蟲也古者貨貝而寶龜周而有泉至秦廢貝行錢取寶藏貨財爲義

馬首農言一卷

清祁寯藻撰

咸豐五年刻本

祁氏係山西壽陽人，『馬首』爲壽陽古稱，因所述俱當地農事，故名。《馬首農言》爲清代著名農書，刊刻精整，此本又爲初印，殊難得。

版框高一八四毫米，寬一三三毫米。白口。

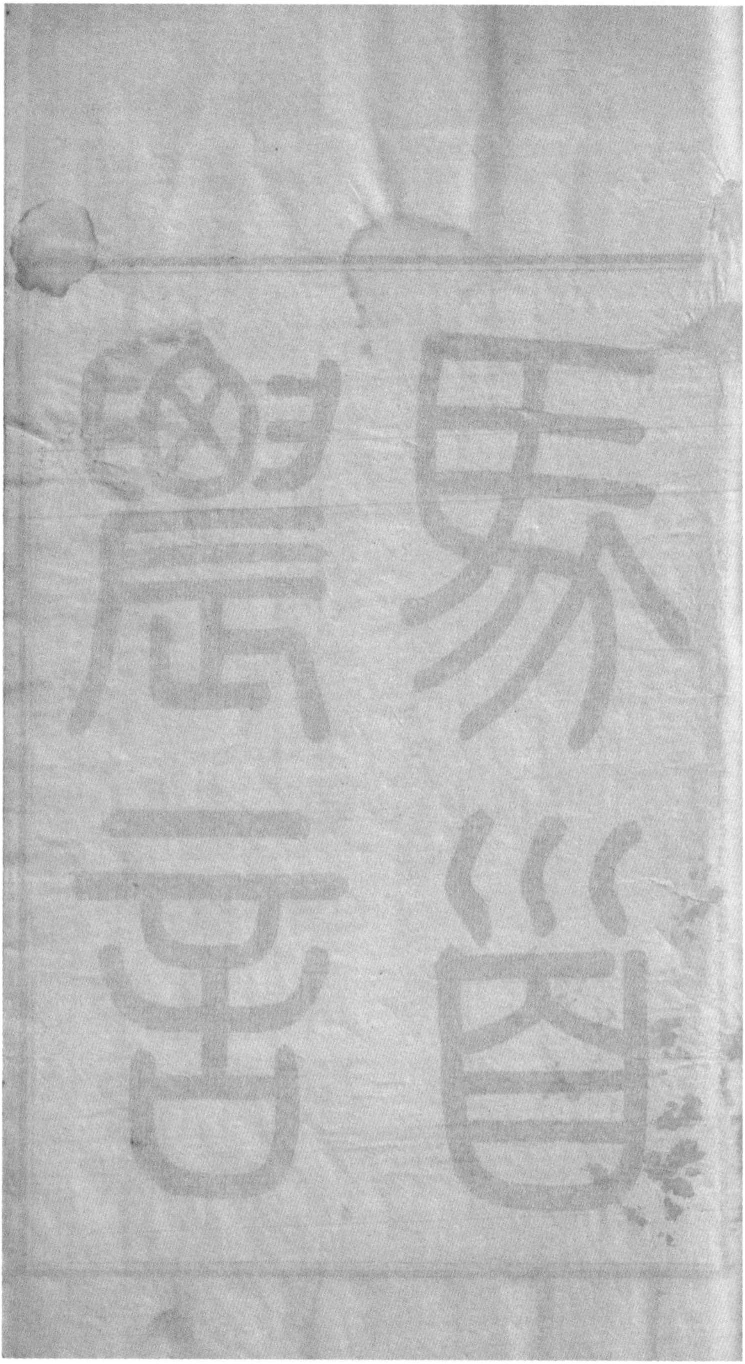

馬首農言

⊙ 馬首農言內封面

咸豐五年夏四月栞

受業張金鏞謹題

馬首農言

幼從京宦稍長歸里五載家塾未親耒耜弱冠遊宦二十餘年還家如客遑問及田請假侍親讀禮守墓寒暑四周惟農是務農家者言質而不文因時度地各述所聞耳目既習徵驗亦久煩言碎辭以筆代口古馬首邑今曰壽陽先疇世服詒自黄羊道光十有六年歲次丙申季春之月祁寯藻記

地勢氣候

壽陽縣居太行之頸項山脈西北自甯武忻州來至縣東北境枝分右出融爲縣治正幹引而南山之東爲桃水所導源又引而東南由平定州至樂平之西陡泉嶺則洞過

蠶桑捷效 一卷

清吴烜撰

光緒二十二年刻本

同治年間，作者在河南正陽（古稱江邑）勸勉農戶種桑養蠶，此書乃匯録當時行事。《販書偶記》正續編俱未著録，稀見。

版框高一六四毫米，寬一一二毫米。細黑口。

公議勸種桑章程

一各鄉宜先請示募捐建廟、設供蠶神、按期宣講種桑養蠶之法種桑者宜養蠶、以免桑滯之年養蠶者宜種桑以免桑貴之虞、互相爲計、蠶事日興、

一蠶桑之利、倍蓰於禾稻陸陳、種桑養蠶之法、照此書上全備桑可無蟲葉茂、蠶可無病絲綿自收蠶花至成繭、

一月辛勞、可供一歲之用、

一廢埣荒基皆可種桑、因循不敢種者、第恐桑利未獲、偷竊已至、事非日生、今議有禁示章程、儘可各種數畝、既

蠶桑輯要 一卷

清沈秉成撰

約同治十年常鎮通海道署原刻本

書中匯錄作者勸行蠶桑事宜，含『告示條規』『雜説』『圖説』『樂府』等。此原刻本稀見，《販書偶記》正續編俱未著録，僅載有光緒四年重刻本。

版框高一六四毫米，寬一一二毫米。細黑口。

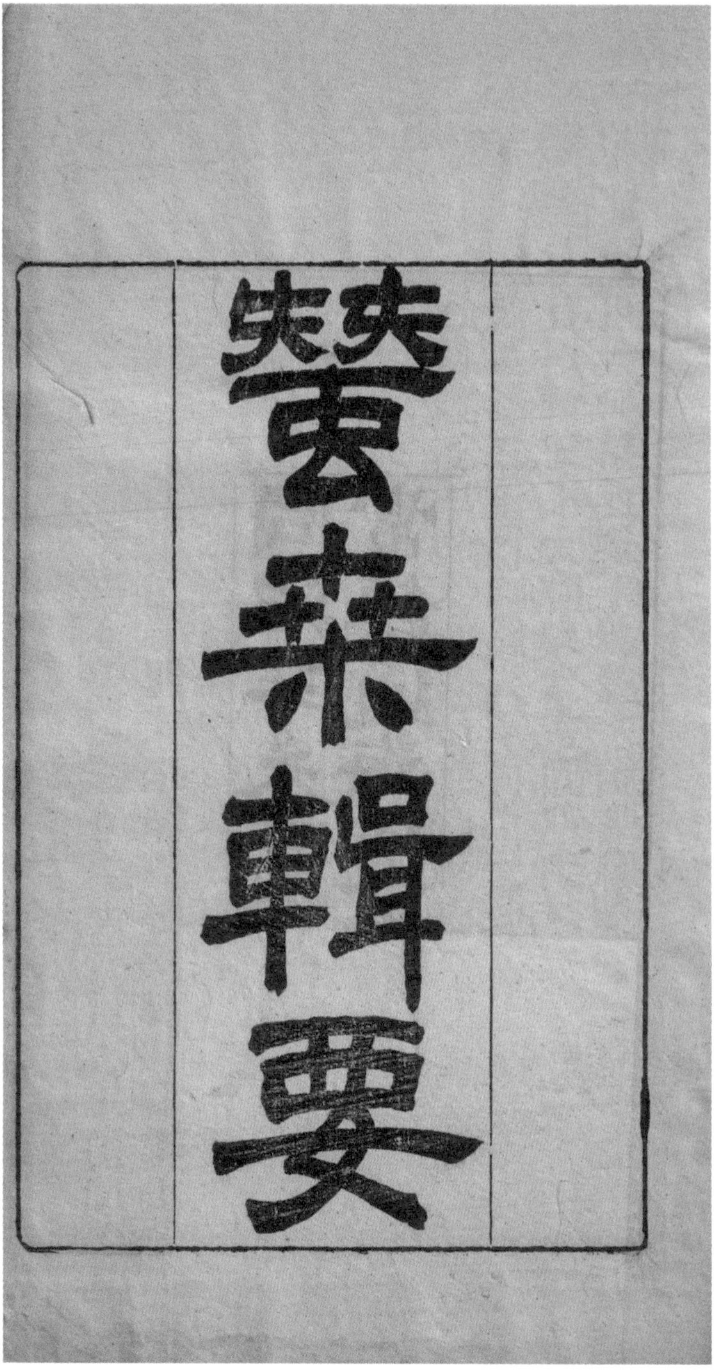

蠶桑輯要

同治辛未夏六月
常鎮通海道署刊

蠶桑輯要

諸家雜說

辨桑法

桑爲蠶本育蠶必先植桑桑有荆桑魯桑之別魯桑葉大甚少而根固荆桑葉小甚多而質較堅但桑種出之荆桑者居多莫如以荆桑爲本接以魯桑之條根固葉茂其法最善

接桑法

接換之法用魯桑條三寸許削去一半如馬耳式約寸餘急速反插荆桑皮內麻扎土擁惟在時之融和手之快密封繫之固擁包之厚取春分前後清明天氣候萌

蠶桑輯要合編一卷卷首文牘一卷蠶桑輯要圖説一卷

清尹紹烈撰

約同治中期刻本

清代論蠶桑栽種書籍頗多，而尹氏素究心農事，嘗於滇南家中親予嘗試，大獲成功。後於任職淮安期間，設局勸勉農戶種桑養蠶，興利富民。書中所述多根基於本人實踐經驗，且述及尹氏在淮安勸養桑蠶事宜。《販書偶記》正續編俱未著録，稀見。

版框高一八六毫米，寬一三一毫米。白口。

清淮處南北之中民知耕而不知桑既無嘉湖紡織之法亦無齊魯絲枲之利豈蠶桑宜於南北而斯土獨不然歟抑人事之勤惰有異也袁江自庚申寇擾之後生計益絀滇南尹蓮溪太守慨然思為民興利設局栽桑養蠶試辦年餘漸有成效爰采錄蠶桑輯要

蠶桑輯要圖說

絲車牀緫圖

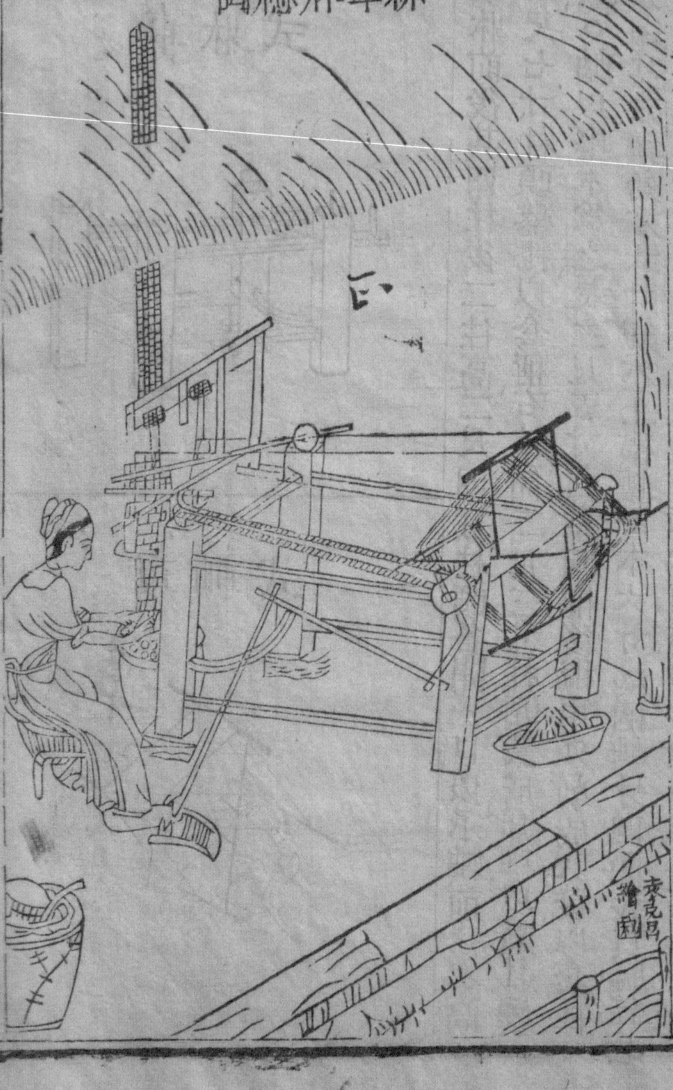

蠶桑輯要 圖說 一

蠶桑輯要合編

尹蓮溪紹烈輯
熊定宇嘉澍校

辨桑法

桑爲蠶本育蠶必先植桑桑有荊魯之别魯桑葉大甚少而根固荊桑葉小葚多而質堅同是一樹桑甚種出荊桑者十之八種出魯桑者十之二如無湖桑之處卽以荊桑爲本接以魯桑之條根固葉茂其法最善雖葉比湖桑稍小然養蠶相宜實與湖桑等

接桑法

桑秧種至二年必須接葉乃厚大離土寸許剪斷以小刀

勿藥須知 一卷

清尤乘撰

道光間海虞顧湘刻《小石山房叢書》本

作者強調七情傷身，病由心生，故講究頤養心性，以祛病健身。此乃道光年間雕版事竣之初印本，殊爲難得。《小石山房叢書》刊成後未久，即遭洪楊之亂，書版毀損嚴重，至同治年間復重修舊版，廣泛印行，自然遠不如此初印者精善。

版框高一七四毫米，寬一二四毫米。黑口。

勿藥須知

吳中尤乘生洲父輯

臞仙曰古神聖之醫能療人之心預使不至於有疾今之醫者惟知療人之疾而不知療人之心是猶舍本逐末不窮其源而攻其流欲求疾愈安可得乎殊不知孽由人作病由心生釋氏所謂一切唯心造凡事皆肰也所以人之七情內起正性顛倒以致大疾纏身誠非醫藥所能治療葢藥能治五行生尅之色身不能治無形之七情能治七情所傷色身之氣血不能治七情忽起忽滅動靜無端之變幻故臞仙又曰醫不入刑官之家藥不療不仁者之疾葢福有所主禍有所司報復之機

解毒編 一卷

清汪汲撰

乾隆末年古愚山房刻本

是書卷端題『海陽竹林人』撰。汪氏係淮安府清河縣人，而祖籍徽州休寧，因休寧古稱海陽，故作者號『海陽竹林人』，又稱『古愚老人』。此書匯録各種解毒方劑，取材於李時珍《本草綱目》等，字作寫刻。《販書偶記》正續編俱未見著録，流傳稀少。

版框高一四八毫米，寬九七毫米。白口。

海陽竹林人輯

解毒編

古愚山房藏板

世學者玩索而有得焉、豈有誤食蟛蜞、不讀爾雅之譏哉、

乾隆甲寅水春正月既望上元談泰階平甫拜書於清河横舍

⊙ 解毒編內文首頁

解毒編

海陽竹林人辛亥消夏輯

試驗諸毒、

以象牙金銀銅為匙、有毒、匙必變色、

飲食類、

解諸食毒、

縮砂仁末二錢、煎服、● 石菖蒲、白礬等分末、新汲水下、● 大豆

煮汁服吐、● 芽茶、白礬等分末、冷水調下、● 犀角燒研、水服、●

雄黃、青黛等分研二錢、新汲水下、● 硼砂、甘草等分、真香油調

婦嬰新説一卷卷首附圖一卷

清合信氏撰

咸豐八年上海合信氏仁濟醫館刻本

作者合信氏係在華英國醫士，書中所述乃西洋婦幼醫學知識，卷端復題『江甯管茂材同撰』，此管氏應是助其中文表述者。此本流傳稀少，《販書偶記》正續編俱未見著録。

版框高一八七毫米，寬一三一毫米。白口。

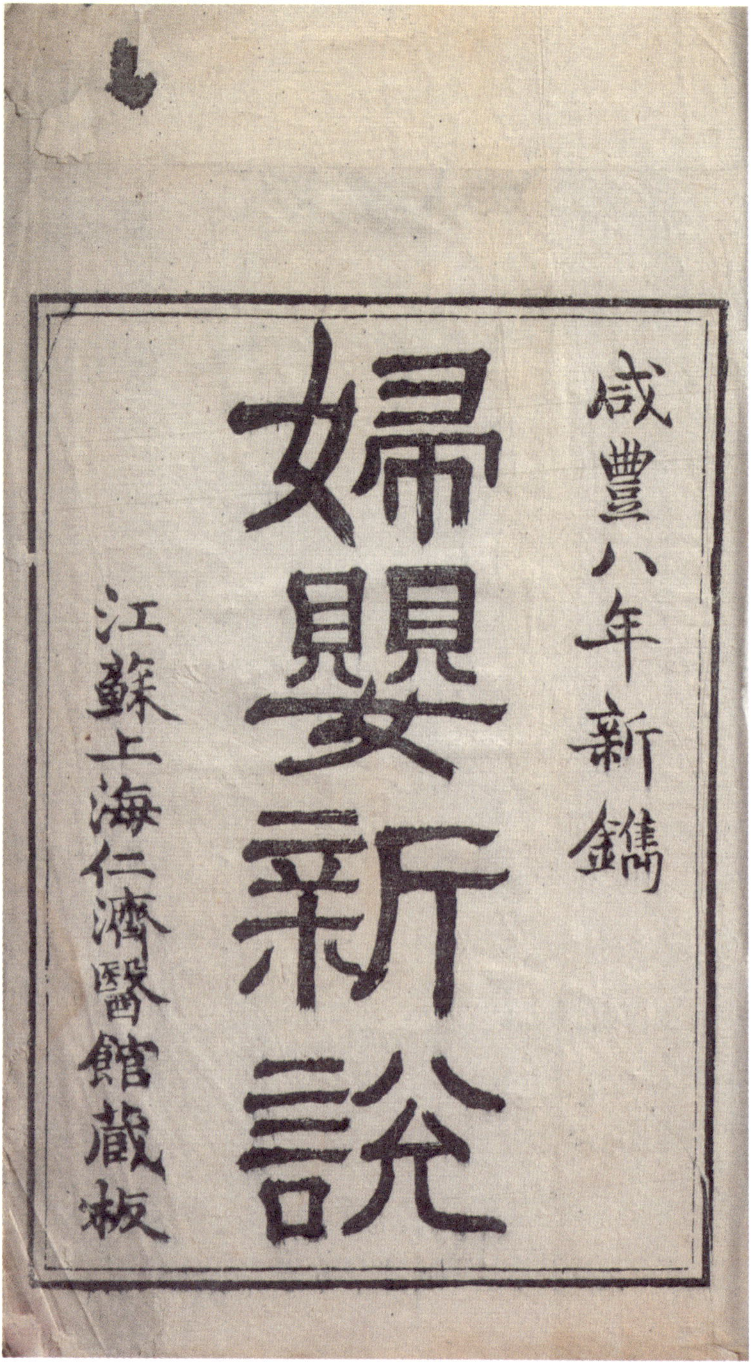
咸豐八年新鐫

婦嬰新說

江蘇上海仁濟醫館藏板

⊙ 婦嬰新說內封面

兒脚臍帶先出圖

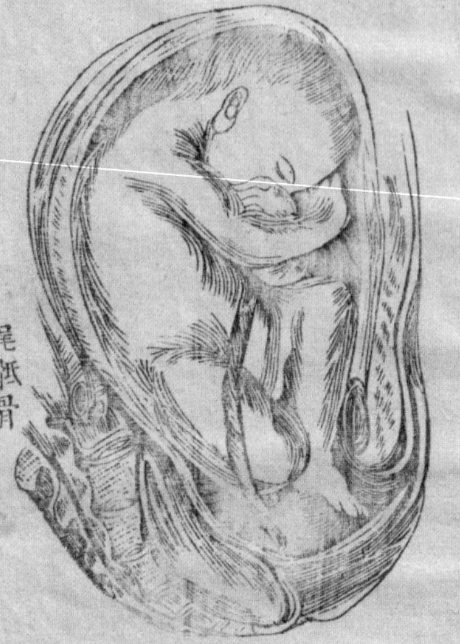

兒臀先出圖

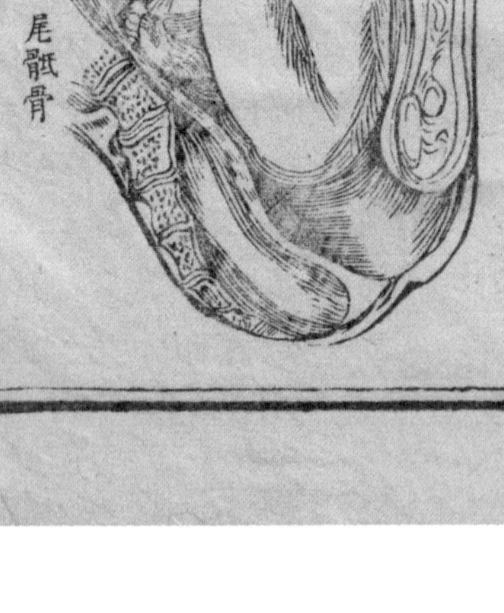

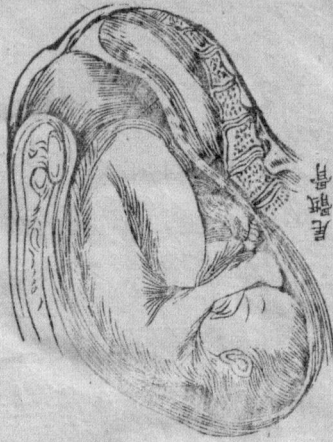

婦嬰新說

英國醫士合信氏著　江甯管茂材同撰

總論子宮精珠

人之百體、各有所用、無一虛設、而功尤大者、則有三、取百物之精華、消化輸運以養一身者、臟腑之功也、知覺運動、外而燭照事物、內而主宰官骸者、腦之功也、生育子女、綿延繁衍者、男子則外腎、婦人則子宮之功也、子宮居尻骨盤內膀胱之後、直腸之前、有底、有頸、有口、上大下小、底在上、口在下、底濶一寸三分、長二寸、厚七分、與口相齒接者曰陰道、陰道之口曰戶、亦曰門、陰道長約三寸半、濶八分、其體曲而不直、子宮中空處曰房、房

⊙ 婦嬰新說內文首頁

同仁堂藥目 一卷

京師同仁堂自編

光緒十五年同仁堂藥鋪自刻本

此書即今北京同仁堂在清末刊行的該堂藥品宣傳册。同仁堂始創於康熙四十一年，至今已有三百多年歷史，此藥單對瞭解當年生産經營狀況具有重要價值。書口下端鐫『京都同仁堂』。

版框高一五九毫米，寬一〇七毫米。白口。

同仁堂藥目

本堂藏板

光緒己丑
仲春重刊

同仁堂樂家老藥舖開設京都正陽門外大柵欄路南

風痰門

牛黃清心丸　每丸銅元廿五枚二

治男婦中風不語不省人事痰迷心竅口眼歪斜半身不遂語言蹇澁痰涎壅盛神志不清卒然昏倒牙關緊閉如見鬼神言語錯亂或歌或哭或癡或獃心神恍惚及小兒急熱驚風發搐等證

蘇合香丸　每丸銅元卅八枚

治男婦中風中痰中氣中祟不省人事牙關緊閉口眼歪斜如

同仁堂藥目內文首頁

吸烟生醒語一卷

題『自厚道人』撰

光緒四年京師琉璃廠聚元齋刻本

乃勸人戒絕吸食鴉片事書，以夫子自道形式講説。在此等書中，尚屬刊刻精整者。全書僅八頁。唯其如此，今日愈加罕見難求。

版框高一五九毫米，寬一〇七毫米。白口。

吸煙生醒語

琉璃廠聚
元齋藏板

⊙ 吸烟生醒語內封面

吸烟生醒語

體驗吸烟初症

敗興惰志　身倦意懶　口乾耳轟

腦惑頭眩

本是精明有爲之身　變作怠惰無能

⊙ 吸烟生醒語內文首頁

嘗試之。

戊寅嘉平祭

竈日。自厚道人記。自厚也者，躬自厚而薄責於人之意也。

昊書八卷

清揭暄撰

咸豐九年揭氏重刻本

此書講天地風雲等科學原理，融有西來耶穌會士之説。行文甚簡潔，雖分爲八卷，量其篇幅，不過尋常一卷書耳。據友人謝毓玄序，應撰成於順治二年，或當時即已付梓行世，惟未見傳本。傳世版本以此本爲最早，而《販書偶記》正續編俱未著録，亦甚罕見。書口下鎸『濠塘藏板』，『濠塘』乃江西廣昌城内揭氏宗祠。

版框高一六九毫米，寬一一六毫米。白口。

咸豐己未歲補刊

學憲吴石渠
兵憲王養正先生鑒定

揭子昊書

濠塘藏板

昊書凡例

一此書皆以原天地之故。而其所生所始所變化消息。一世之物。無不言盡。讀此可以竟天地。

一天地之所終藏者。先聖儒之所不敢洩者。予不惜爲之一畫。天地畏予乎。天地忌予乎。彼冥冥予言後無理。

一世所已知者。予不言。世所未知者。予說向與人。有人已知而人猶疑之。則亦拈出以示非謬。

昊書卷一　　廣昌揭暄子宣著

諸象原

天起

大陰本位也大陰動而生陽靜則復陰其初動也爲一塵之游氣進來至積久而氣厚矣故天原起于微拂

日出

揭子昊書　卷一　一　豪唐藏版

⊙ 昊書內文首頁

董方立算書五種七卷

清董祐誠撰

道光十年京師原刻本

乃《董方立遺書》前五種，名『董方立算書』，含《割圓連比例術圖解》《橢圓求周術》《斜弧三邊求角補術》《堆垛求積術》《三統術衍補》。董氏《遺書》書版運回常州故里存放，咸豐末燬於洪楊之亂，同治八年重刻於成都，而此原刻本今已罕見難求。鈐『沈曾植印』白文方印、『子培』朱文方印，乃沈曾植舊藏。

版框高一八〇毫米，寬一三一毫米。黑口。

割圜連比例術圖解卷上

陽湖董祐誠
董方立遺書一

第一術

圜徑求周

術曰以徑三乘之爲第一數次置第一數四除之又二除之三除之爲第二數次置第二數九乘之四除之又四除之五除之爲第三數次置第三數二十五乘之四除之又六除之七除之爲第四數次置第四數四十九乘之四除之又八除之九除之爲第五數次置第五數八十一乘之四除之又十除之十一除之爲第六數若以千萬爲圜徑

天玉經正義十卷卷首附天玉經發明一卷

清張受祺撰

乾隆間刻本

《天玉經》是地理選擇著名著作，舊題唐楊筠松（楊益）撰。此書分『內傳』三卷，『外編』一卷，另於卷首附《天玉經發明》一卷。《天玉經》原文類似佛家偈語，文義含混模糊，故明末以來堪輿家紛紛爲之箋注解說，張氏著《歷代地理正義秘書二十四種》，此爲其中之一。

版框高一八五毫米，寬一三三毫米。白口。

天玉經正義卷之一

唐楊益筠松譔　　張瑜守璞

華亭張受祺式之註　門人許廷鑑心逸校

李鳳梧堯初

內傳上

江東一卦從來吉。八神四個一。

江東。猶言左邊也。左爲陽。乾坤坎離。先天位居四正。四正屬陽。爲天爲父。用天父卦訣。天左旋

齊安堂集一卷續補一卷

清余朝相撰

約康熙雍正間刻本

選擇類數術書籍，包括擇地、擇日等内容。書口刻『選擇集要』。書中敘及康熙二十三年而『弘』『曆』俱不諱，因知其刊行於康熙後期至雍正朝期間。此等著述體現的是傳統文化重要内容，卻因舊時學者大多不予重視而流傳相當稀少。

版框高二一一毫米，寬一二三毫米。白口。

齊安堂集

論戊己　　南州後學佘朝相子欽彙集

戊己殺占山占向、論修造下葬安葬詳玫集要所載知楊公下壬龍作子山午向、用四癸亥、是四煞作占向。○范公下癸龍作子山午向、用庚午土年戊子火月[illegible]日庚午土時、是戊都占山。○楊公下卯龍作巳山亥向、坐業巳七命用四辛卯則四巳都占向。○丙龍作巳山亥向、用己巳年己巳月壬午日壬寅時、是巳都占仙、又○曾公與江東[illegible]墓甲辰七命、辰山戌向、用甲申水年、壬申金月、甲申水日、壬申金時、是戊都占山、六年後

江湖博覽按摩修養淨髮須知二卷

明吴鐸編

約清初刻本

多以問答及歌謠形式陳述剃頭理髮的規矩並兼及人體按摩事。卷端署『羅真人活計/陵（陳）七子家風/臨川吴鐸訂』。案羅真人相傳多指唐玄宗時仙人羅公遠，陳七子則爲唐後期仙人陳休復，皆假託。書中部分内容題『大元新話』，知其主體内容應出於宋代而在元朝有所添附，吴氏略事編訂而已。此書殊罕見，應是書坊據明本翻刻。

版框高一七八毫米，寬一一一毫米。白口。

京本江湖博覽按摩修養淨髮須知上卷

羅　眞　人　活　計

陵　七　子　家　風

臨　川　吳　鐸　司

鑷青茶話

淨髮處士大鬧城子論

梳雲爲活計，削月作生涯。名利於吾有分，經書與我無緣。手藝精專，自得神仙快樂；營謀散誕。

啟剔耳開聾便是撥雲見日論着買茶之禮。贊班門前不敢戲斧畧持數句少報重言。得蒙帶携鄙董豈不受恩復承提挈。他日見行院把來做誇談之本。人過留名鴈過留声。把師長台銜便請師稱說。言語不敢多嫌尚容請教。只此是話。

○大元新話 普通一変

上覆諸位師長在上小弟在末之間接應家禮

墨井題跋 一卷

清吴歷撰

道光間海虞顧湘刻《小石山房叢書》本

吴歷字漁山，號墨井道人，但既不是道士，也非僧侣，而是清初著名天主教耶穌會神父，復以善畫知名。此書爲吴氏論畫札記。顧氏《小石山房叢書》書版在洪楊之亂中遭受毁損，戰前初印本甚稀見，此乃初印佳本。

版框高一七一毫米，寬一二五毫米。黑口。

墨井題跋

虞山吳歷漁山著

半幅董元傳聞久矣願見之懷不啻飢渴一日過太原之拙修堂幸得飽觀其筆力扛鼎奇絕雄貴超軼前代非後學者能窺其微藴也

北苑龍宿郊民圖山巖雄峻樹木鬱茂亭臺樓閣之富麗而高棚張設珠燈錦綵郊民聚而歡躍蓋宋藝祖下江南也毘陵莊氏所藏予得請見不及臨粉本

巨然賺蘭亭圖山不甚高雄厚幽淡秋林蕭篠小逕幽折一人乘騎過橋童子抱琴相隨而寺門南向大殿直階下則水閣閣中蕭翼紗帽藍袍智僧柘衣陪坐並觀蘭亭當

冬心先生畫竹題記一卷

清金農撰

道光間海虞顧湘刻《小石山房叢書》本

金農號冬心，康乾間著名畫家。此書爲金農論評畫竹技法之作，爲顧氏刻入《小石山房叢書》。惟《小石山房叢書》初印未幾即遭遇洪楊之亂，兵燹中書版受損，同治時重修書版，始大量印行。此本乃道光初印佳本，殊難得。

版框高一七〇毫米，寬一二五毫米。黑口。

冬心先生畫竹題記

錢塘金農壽門著

饑鳳非竹實不飽予畫竹竹之實歲無所收安得爲羽儀者之食也竹之族六十有一而獨盛西南曰箇曰筱曰簵曰筆曰篔簹曰箖箊皆可貌其幽姿者也其他若[illegible]簩之類則不堪寫入豪楮矣宋人有詠竹米詩竹米者竹實也即篗也儋石之儲何人見之所以巢于阿閣者常饑也予之常饑又何怪乎

康熙丁亥予讀書于先師何義門先生家見沈貞吉隱君畫竹小幅翳薈之趣如坐幽谷其父爲孟淵處士其子即石田翁也居相城里山與溪艇非勝流淨侶弗與遊三世

冬心先生畫竹題記內文首頁

須靜齋雲煙過眼録一卷

清潘世璜撰

宣統三年原刻本

卷端題『遵祁謹鈔』，乃由作者之孫輯録成書。潘世璜所稱『過眼』者，爲宋元古本、舊帖佳拓及名家書畫等。《販書偶記》正續編俱未載録，蓋以當時流傳稀少所致。此本初印，墨色鮮亮，刻書字體仿明末清初毛氏汲古閣扁方體字舊式，殊堪賞玩。

版框高一七五毫米，寬一一九毫米。黑口。

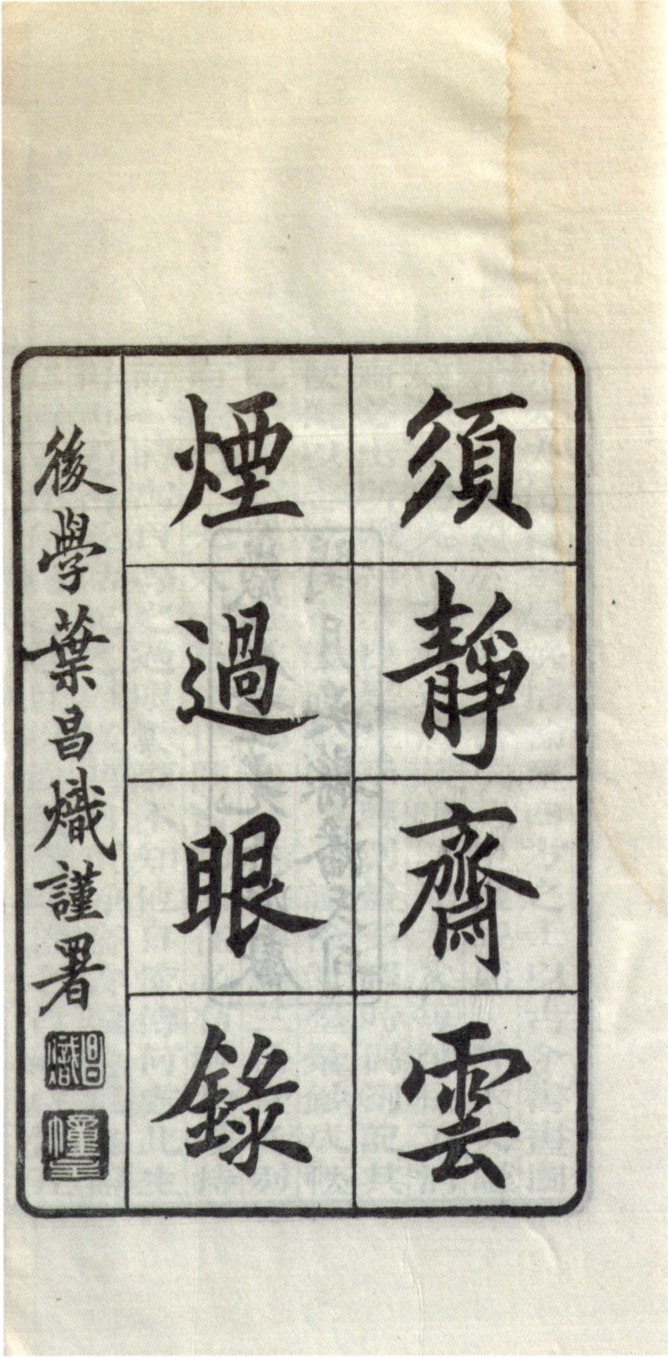

須靜齋雲煙過眼錄

後學葉昌熾謹署

歲在重光大淵獻
閏月吳縣潘氏刊

須靜齋雲煙過眼錄　　遵祁謹鈔

甲子正月三十日黃蕘圃出示宋槧本鑑誡錄壘林項氏所藏後有查查浦王漁洋汪退谷朱竹垞諸人題跋內退谷蠅頭楷書數行尤精妙絕倫　又見宋槧本白氏文集十七卷絳雲樓燼餘也

念慈校鑑誡錄今在虞山相國師家已丑南歸所得也又校北宋槧白氏文集七十卷從唐寫卷子本出懸之民尚缺筆爲海內孤本今藏常熟瞿氏鐵琴銅劍樓此絳雲燼餘本陸存齋觀察云嘗見之今不知誰屬矣

硯箋四卷

宋高似孫撰

康熙四十五年曹寅揚州使院刻《楝亭十二種》本

此書薈萃前人論硯之説，間記本人見識，四庫館臣以雅馴稱之，即雖旁徵博採而不失於龐雜。此本寫刻精雅，刷印較早，每卷卷末俱鐫有『楝亭藏本丙戌九月重刻於揚州使院』牌記。

版框高一六四毫米，寬一一四毫米。細黑口。

硯箋卷一

高氏　似孫　修

端山　下巖　上巖　中巖　龍巖　半巖　蚌坑

後歷　子石　緣石　石眼　石病　硯圖　硯直

製法　滌法　硯說　古硯　詩銘

端山

斧柯山（蘇易簡譜云即觀基之所）在大江南（州東三十三里）與靈羊峽對山峻峙壁立下除潮水江之湄山行三四里即硯巖先至者下巖巖中水未嘗涸下巖之上曰中巖中巖之上曰上巖自上巖轉曰龍巖唐取硯處下巖得石既勝此不復取又小湘峽（州西四十里）石類巖石色深如蚌坑性軟滲凡石以下

端溪硯史三卷卷首附硯坑圖一卷

清吳蘭修撰

道光十四年原刻本

道光十三年，西江氾濫，端州地區遭受嚴重水災，因開端溪硯坑，以工代賑。翌年初始開採硯石，端硯集中成批產出，吳氏適時纂成此書。惟此書初刻版本，殊難斷定。此本卷端作者題名後鐫有『香山鄭廷松校』注記，每卷卷末復有『淳一堂鄭氏校刊』牌記，且分別鐫有『男受綸覆校』、『男章綸覆校』和『男道綸覆校』注記，故書版應爲鄭氏梓行。怪異的是，此本卷首另帶有『道光彊圉作噩嘉善周氏校刊』牌記，又似周氏刻版，然而周氏又另有一別樣刻本，其牌記及內封面俱與印入此本者相同，而刷印時間卻早於此本。案『彊圉作噩』爲丁酉歲，係道光十七年。檢此本卷首有嘉興錢儀吉與時任兩廣總督盧坤兩序，俱寫於道光十四年中秋，竊以爲此書初本應即刊刻於此時。《端溪硯史》書僅三卷，短時間即可刊成，不會延宕三年之後至道光十七年始刻印成書。臆此書初次上版印行，即爲鄭氏在道光十四年所刻，而周氏在道光十七年復另行刻印此書。惟不知何故，周氏書版或印行無幾即遭損毁，故隨後購得鄭氏書版，附加周氏舊版內封面、牌記印行。如若拙說不謬，則此本當屬吳書原刻。

版框高一六七毫米，寬一一七毫米。黑口。

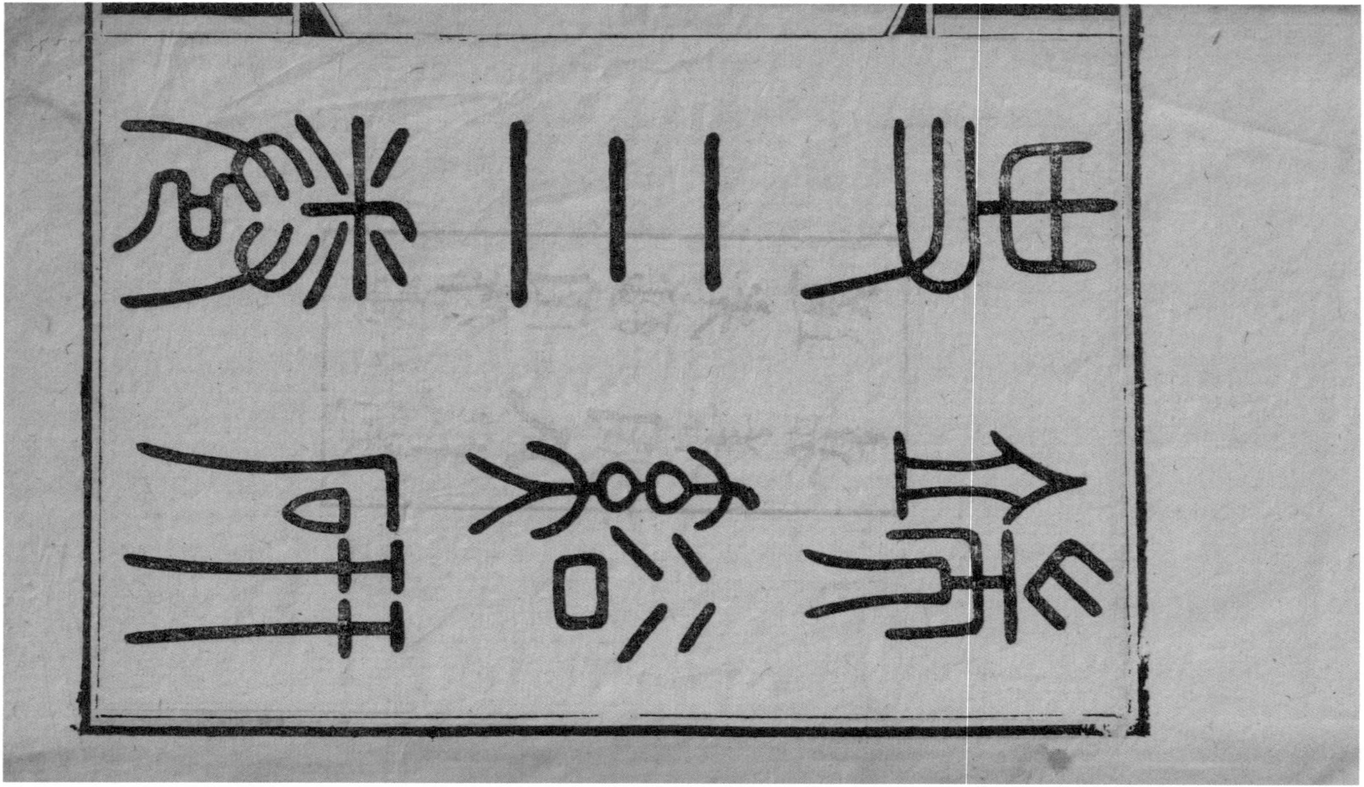

⊙端溪硯史內封面

道光疆圉作噩

嘉善周氏校刊

道光癸巳西潦再溢瀕江廬舍蕩析離居是冬端州民請開硯坑以工代賑諜於守令皆曰善乃於十一月二十七日汲水正月十日采石三月十日泉至而畢蘇子瞻云千夫挽綆百夫運斤篝火下縋以出斯珍洵矣艱哉得石稍純者治三百餘硯分餉故人餘數十硯他日歸舟竊比鬱林石耳石華博士精於品鑒成端溪硯史三卷生於斯地會逢其適萃諸前聞證以目驗考端石者此其衡矣爰記年月以爲是書緣起云甲午秋涿州盧坤序

峽南諸坑圖三
南
西
黃蚓矢岩
屏風背
杉蓬岩
黎木根岩
麻子坑
老岩
石梯岩
蓬蘋魚
硬石涤岩
打木棉蕉
軟石涤岩
龍尾青
菱角肉岩
小溪流入峽江
羚羊峽

端溪硯史卷一

嘉應吳蘭修編
香山鄭廷松校

下巖

肇慶府東三十三里有山曰斧柯在大江之南蓋鼉羊峽之對山也斧柯山峻峙壁立下際潮水自江之湄登山行三四里卽爲硯巖先至者曰下巖巖之中有泉出焉雖大旱未嘗涸巖有兩口其中則通爲一穴大者取硯所自入也小者泉水所自出也故號曰水口陳公密所開也宋無名氏端溪硯譜

下巖北壁石蓋泉生其中非石生泉中則潤可知矣

色其外純紫色俱異品也又贈余一硯背刻雲林小景石之赭葉之黃水之碧皆自然本色時謝里甫太史善畫亦喜爲之隨石點綴各有生趣由是石以畫傳近且以充貢品矣大抵茶坑石質燥扣之作金聲發墨而損毫若擇其紋之佳者鏤作硯山亦雅品也

端溪硯史卷一終

男受綸覆校

淳一堂鄭氏校刊

墨經 一卷

題宋晁説之撰

康熙四十五年曹寅揚州使院刻《楝亭十二種》本

《四庫提要》考定本書作者爲晁貫之，乃説之兄弟行。此本寫刻精雅，刷印較早，卷末鐫『楝亭藏本丙戌九月重刻於揚州使院』牌記。四庫館臣謂本書『舊載毛晉《津逮祕書》中，原本題曰「晁氏撰」，不著時代名字，諸書引之，亦但曰「晁氏墨經」』，未提及此本署名，可見此曹刻本當時流傳並不普遍，今更值得珍重。

版框高一六一毫米，寬一一四毫米。細黑口。

墨經內文首頁

墨經

宋　晁說之以道　著

松

古用松煙石墨二種石墨自晉魏以後無聞松煙之製
尚矣漢貴扶風隃麋終南山之松蔡質漢官儀曰尚書
令僕丞郎月賜隃麋大墨一枚小墨一枚晉貴九江廬
山之松衛夫人筆陣圖曰墨取廬山松煙唐則易州潞
州之上黨松心尤先見貴後唐則宣州黄山歙州黟山
松羅山之松李氏以宣歙之松類易水之[illegible]今兗州泰
山徂徠山皃山絳山沂州龜山蒙山密州九仙山登州
牢山鎮府五臺邢州潞州太行山遼州遼陽山汝州鼃

湖船録 一卷

清厲鶚撰

道光二十七年錢塘汪氏振綺堂刻本

此書撰著於雍正五年，約四五年後，開版梓行；至乾隆後期，再刻行世。惟此兩刻今世或已無存。此本乃據乾隆再刻本重刊，書口下鐫『振綺堂校刊』。因刊成未久即遭洪楊之亂，印本存世甚稀。此本卷首鈐『振綺堂兵燹後收藏書』朱文方印，知係汪家劫後剩存之物。書刊刻精整，初印，墨色鮮亮，殊難得。

版框高一四〇毫米，寬一〇一毫米。白口。

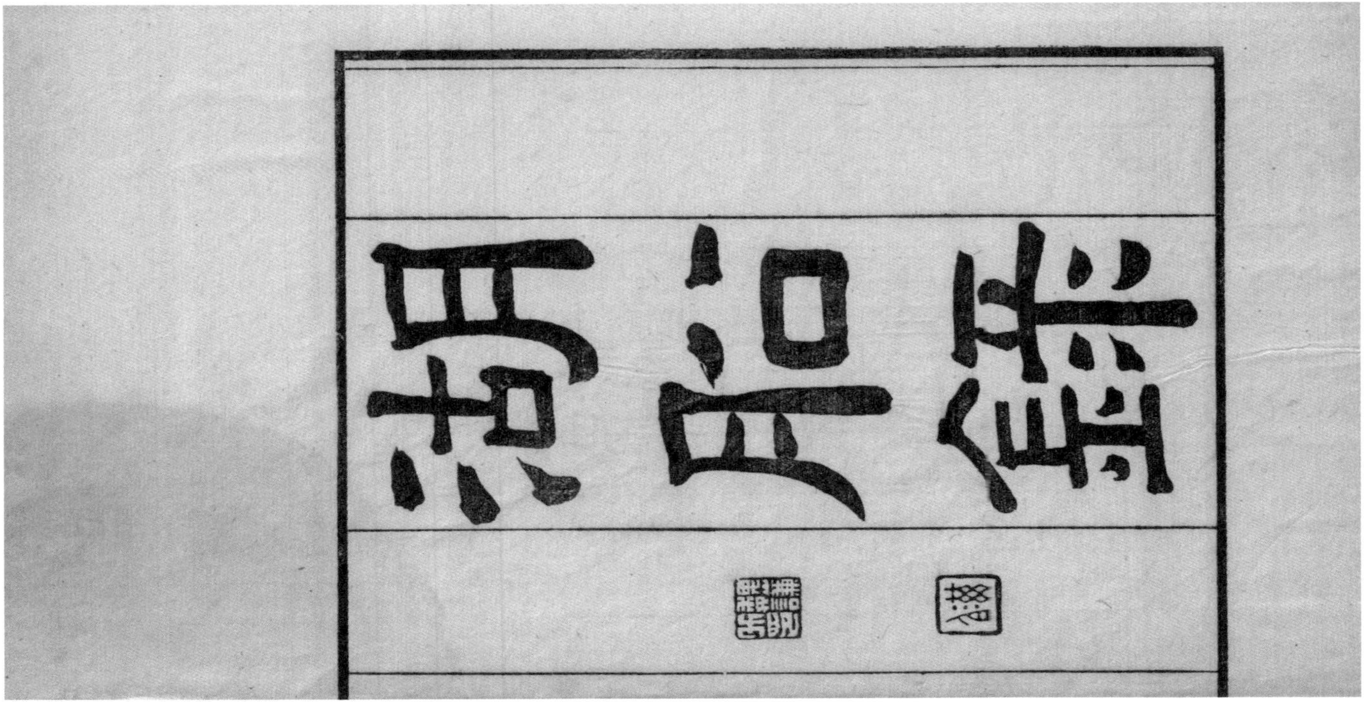

⊙ 湖船錄內封面

道光丁未冬日
錢唐汪氏校栞

湖船錄

錢塘厲　鶚太鴻輯

龍頭

白樂天詩小航船亦畫龍頭

明玉

喬夢符沈醉東風云明玉船描金柳碧玲瓏鳳凰山後增注

戧金

張小山壽陽曲云醉歸來晚風生嫩涼戧金船玉人低唱增注

桂林軒香雪堂各色貨物簿 一卷

清焦琢亭撰

清末刻本

此本朱墨雙色套印，係桂林軒香雪堂商品廣告，包括洗面、護膚品以及常用保健、治療成藥。此等宣傳品當日自大量印製，今則罕見難求。

版框高一七三毫米，寬一二二毫米。白口。

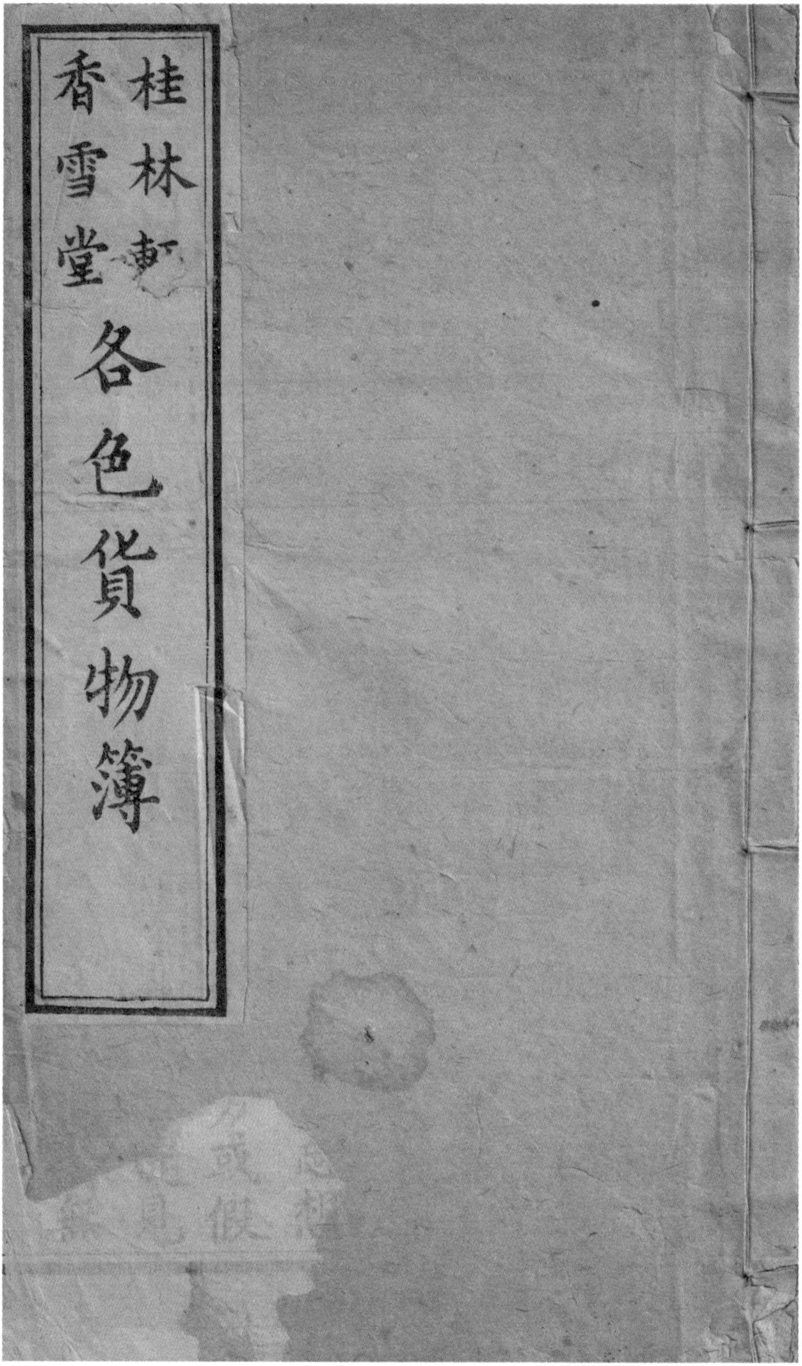

⊙桂林軒香雪堂各色貨物簿書衣

恥也堪嗤其喪心也實甚今本軒將各色貨物擬作俚句裝訂成帙重刊標記細註地方伏願諸公認明坐落記准牌名正陽門內棋盤街東芬芳襲過客之衣並無二處聲價擅京都之盛只此一家庶幾假難混真貨皆得實本軒幸甚

桂林主人焦琢亭謹識

引見胰

鵝油胰子細安排淨面無如此最佳費我調和成蝶粉送君引見上鸞堦風清大地塵全掃月朗長天鏡乍指到得彈冠相慶後桂林軒製記招牌每兩盛匣錢壹吊貳

礶子胰

礶子胰傳有秘方內加氷麝異尋常修容滑膩顏增潤着水清香味更長去垢妙能消痣瘖舒紋兼可退風霜其中功效誠難述常用方知此最良每礶滿錢壹吊貳伯

頣堂先生糖霜譜一卷

宋王灼撰

康熙四十五年曹寅揚州使院刻《楝亭十二種》本

案糖霜一名糖冰，余嘉錫《四庫提要辨證》考證此書所記爲今世冰糖，與沙糖無涉。此本寫刻精雅，刷印較早，卷末鐫『楝亭藏本丙戌九月重刻於揚州使院』牌記。又此書多但題『糖霜譜』，然此本爲本書最早刊本，其書名題寫形式值得重視。

版框高一四〇毫米，寬一〇一毫米。白口。

頤堂先生糖霜譜

遂寧王灼晦叔父撰

原委第一

糖霜一名糖冰福唐四明番禺廣漢遂寧有之獨遂寧爲冠四郡所産甚微而碎色淺味薄纔比遂之最下者凡物以希有難致見珍故查梨橙柑荔枝楊梅四方不盡出乃貴重於世若甘蔗所在皆植所植皆善非異物也至結蔗爲霜則中國之大止此五郡又遂寧專美焉外之夷狄戎蠻皆有佳蔗而糖霜無聞此物理之不可詰也先是唐大曆間有僧號鄒和尚不知所從來跨白驢登繖山結茅以居須鹽米薪菜之屬即書付紙繫錢

酒令叢鈔四卷

清俞敦培著

光緒四年藝雲軒刻本

書中鈐『三十六專吟館印』朱文長方印及『大江南北東西第九度浮客』『許應鑅印』『星臺持贈』諸白文方印，蓋時在江西任道員之許應鑅倡議編著此書並爲之撰序授梓，印成後鈐印贈人。《販書偶記》正續編俱未著録，稀見。

版框高一一八毫米，寬八八毫米。黑口。

◎酒令叢鈔內封面

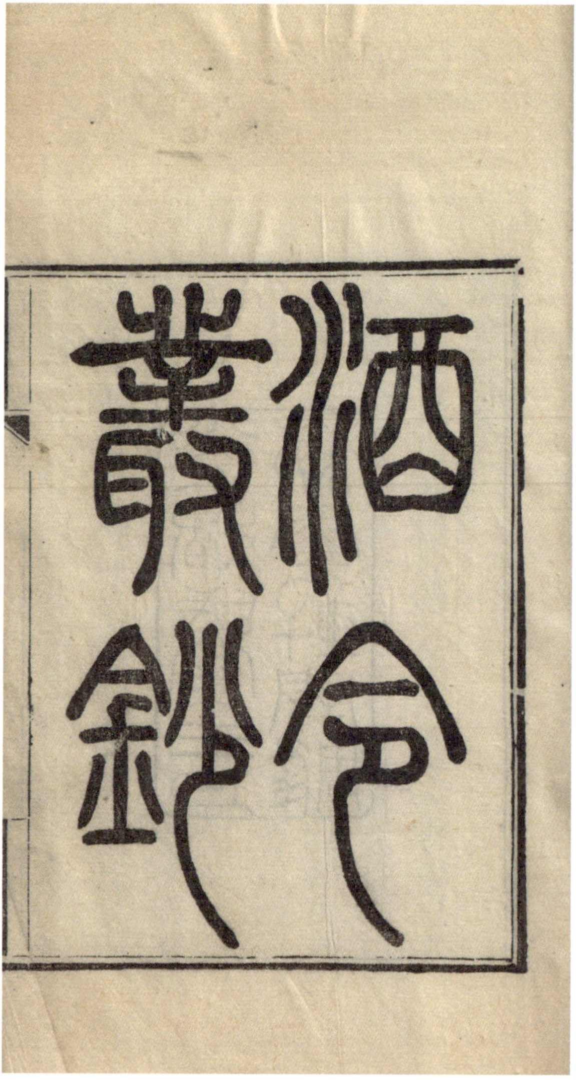
酒令叢鈔

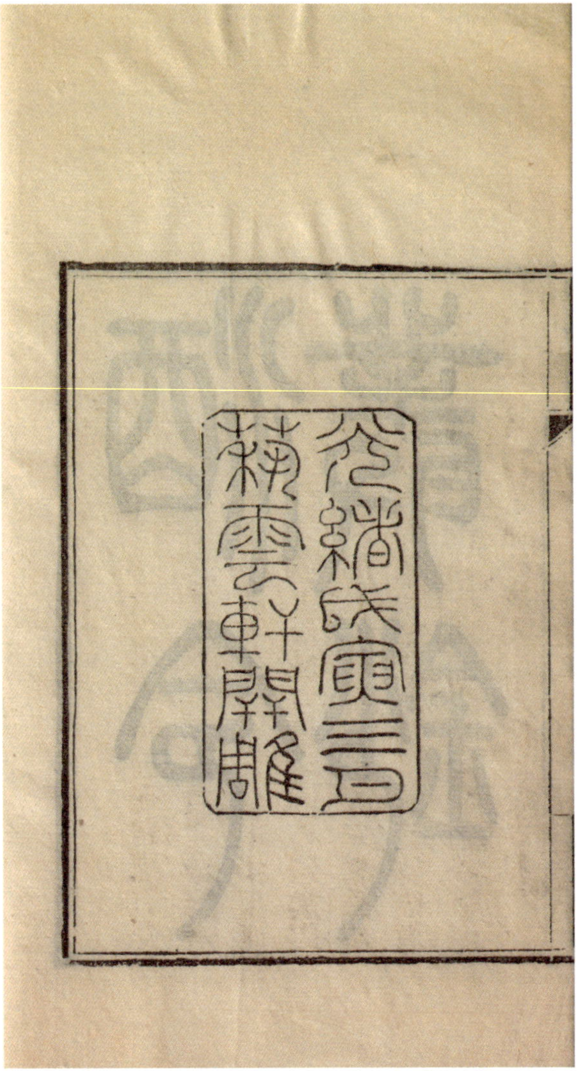
光緒戊寅三月
棣雲軒開雕

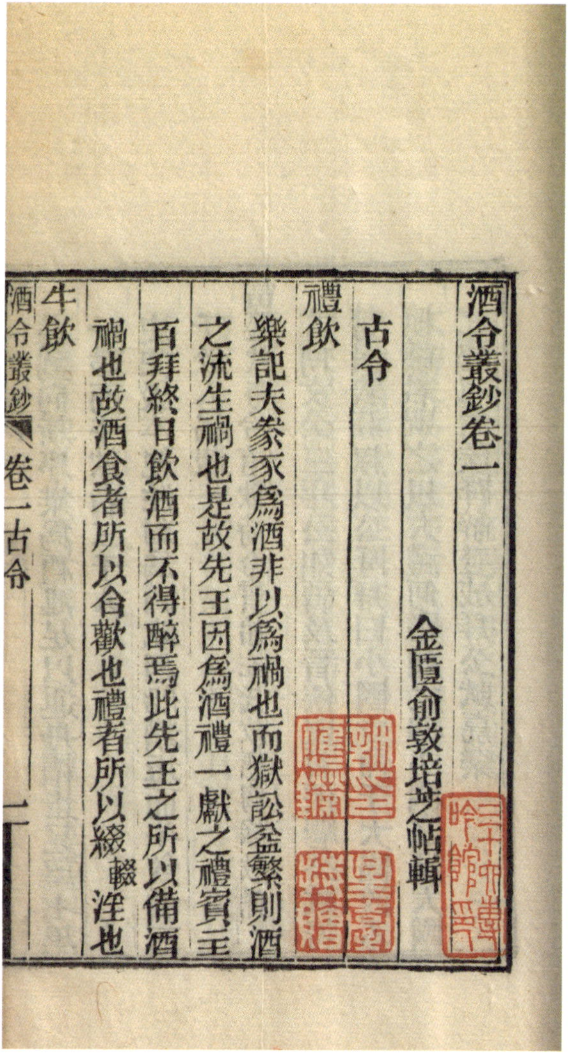
酒令叢鈔卷一

金匱俞敦培芝田輯

古令

禮飲

樂記夫豢豕為酒非以為禍也而獄訟益繁則酒之流生禍也是故先王因為酒禮一獻之禮賓主百拜終日飲酒而不得醉焉此先王之所以備酒禍也故酒食者所以合歡也禮者所以綴輟淫也

牛飲

酒令叢鈔　卷一　古令　一

⊙ 酒令叢鈔內文首頁

醯略四卷

清趙信著

嘉慶十六年趙氏家刻本

是書摘録古籍中關於醋的掌故，分爲經典、史事、治造、名義、詩文、雜紀諸項，一一展示，惟其『詩文』部分尚列有作者親友的作品。書撰著於乾隆前期，後由曾孫應瑞校刊行世，傳世稀少，今已罕見難求。

版框高一七四毫米，寬一二九毫米。白口。

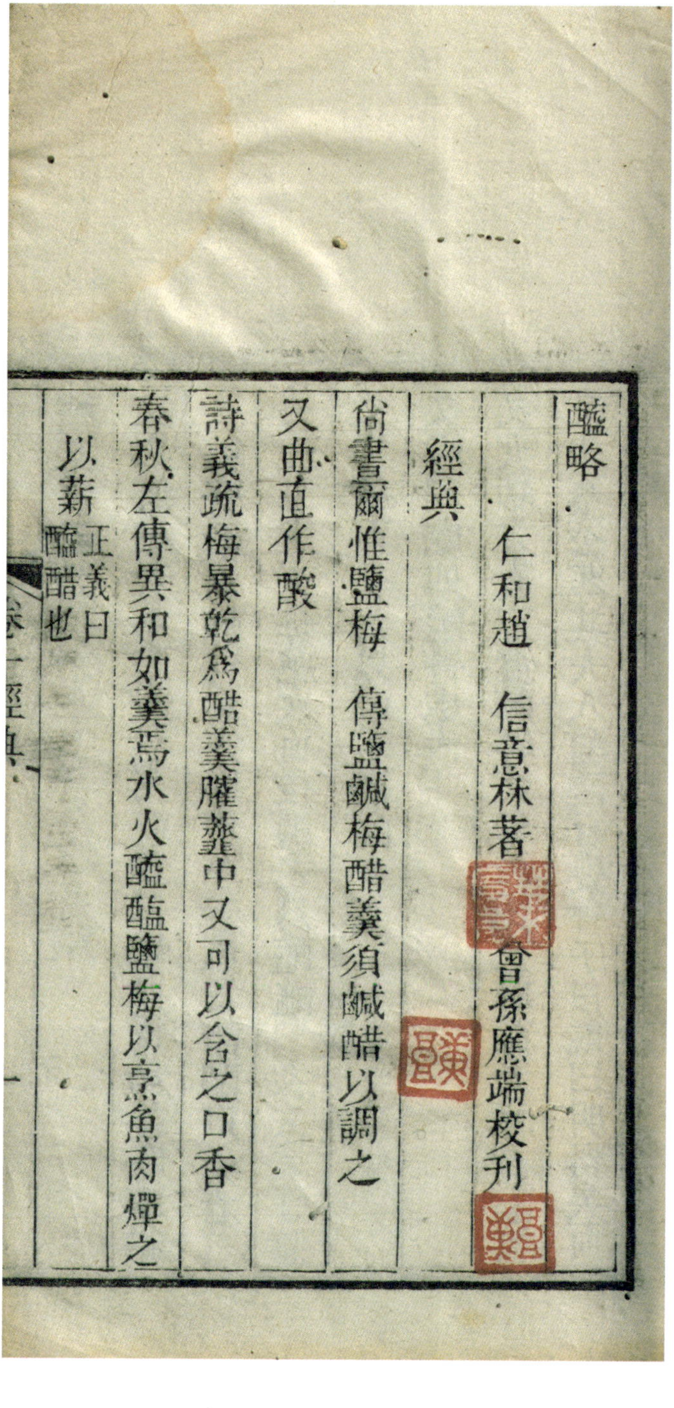

醯略

仁和趙信意林著　曾孫應端校刊

經典

尚書爾惟鹽梅　傳鹽鹹梅醋羹須鹹醋以調之

又曲直作酸

詩義疏梅暴乾爲醋羹臛虀中又可以含之口香

春秋左傳異和如羹焉水火醯醢鹽梅以烹魚肉燀之以薪　正義曰醯醋也

⊙ 醯略內文首頁

墨子十五卷卷首附墨子篇目考一卷

清畢沅校注

乾隆四十九年畢氏靈巖山館原刻本

此《墨子》校注本彙印入畢氏《經訓堂叢書》，在古代學者勘訂本中最稱精善，故光緒時浙江書局合刻《二十二子》，《墨子》即翻刻此本。此本鈐『江陰黄永年藏書之記』朱文方印，係業師黄永年先生舊藏，乃先生當年以身入另冊而遭逢困頓期間流出，余購自北京中國書店。

版框高一九三毫米，寬一四五毫米。黑口。

乾隆甲辰閏三月開琱

墨子十五卷

目一卷

篇目考附

靈巖山館藏版

墨子敘

兵部侍郎兼都察院右副都御史巡撫陝西等處地方贊理軍務兼理糧餉鎮洋畢沅撰

墨子七十一篇見漢藝文志隋以來爲十五卷目一卷見隋經籍志宋亡九篇爲六十一篇見中興館閣書目實六十三篇後又亡十篇爲五十三篇即今本也本存道藏中缺宋諱字知即宋本又三卷一本即親士至尚同十三篇宋王應麟陳振孫等僅見此本有樂臺注見鄭樵通志藝文略今亡案通典言兵有守拒法而不引墨子備城門諸篇玉海云後漢書注引墨子備突篇詩正義引墨子備衛篇似亦未見全書疑其失墜久也今

上開四庫館求天下遺書有兩江總督採進本謹案亦與

墨子卷之一

兵部侍郎兼都察院右副都御史巡撫陝西等處地方贊理軍務兼理糧餉 欽賜一品頂帶畢沅校注

親士第一

衆經音義云倉頡篇曰親愛也近也說文解字云士从一从十孔子曰推十合一爲士玉篇云傳曰通古今辯不然謂之士此與脩身篇無稱子墨子云疑翟所著也

入國而不存其士則亡國矣見賢而不急則緩其君矣非賢無急非士無與慮國緩賢忘士而能以其國存者未曾有也昔者文公出走而正天下 正讀如征 桓公去國而霸諸侯越王勾踐遇吳王之醜而尚攝中國之賢君 尚與上通攝合也謂合諸侯郭璞注爾雅云聶合攝同聶 三子之能達名成功於天下也皆於其國抑而大醜也 猶曰安其大醜廣雅云抑安也 太上無敗 李善文選注云河上公注老子云太上謂太古無名之君也 其次敗而有以成此之謂用民吾聞之曰非

鬼谷子三卷卷首附鬼谷子篇目考一卷末附録一卷

梁陶弘景注　鬼谷子篇目考暨附録並清秦恩復撰

乾隆五十四年江都秦氏石研齋刻本

《鬼谷子》至明代已無佳本流佈。此本乃秦恩復據《道藏》本校刻，頗存古本面目。後秦氏復據錢曾述古堂舊鈔本重加校勘，於嘉慶十年仿宋重刻此書。《四部叢刊初編》亦緣此本近乎原貌而選印之（後用《道藏》原本替換）。嘉慶本行世，此乾隆初刻本便湮沒罕傳，且此係初印之本，乃呂貞白舊藏，殊難得。

版框高一七〇毫米，寬一三三毫米。黑口。

⊙ 鬼谷子内封面

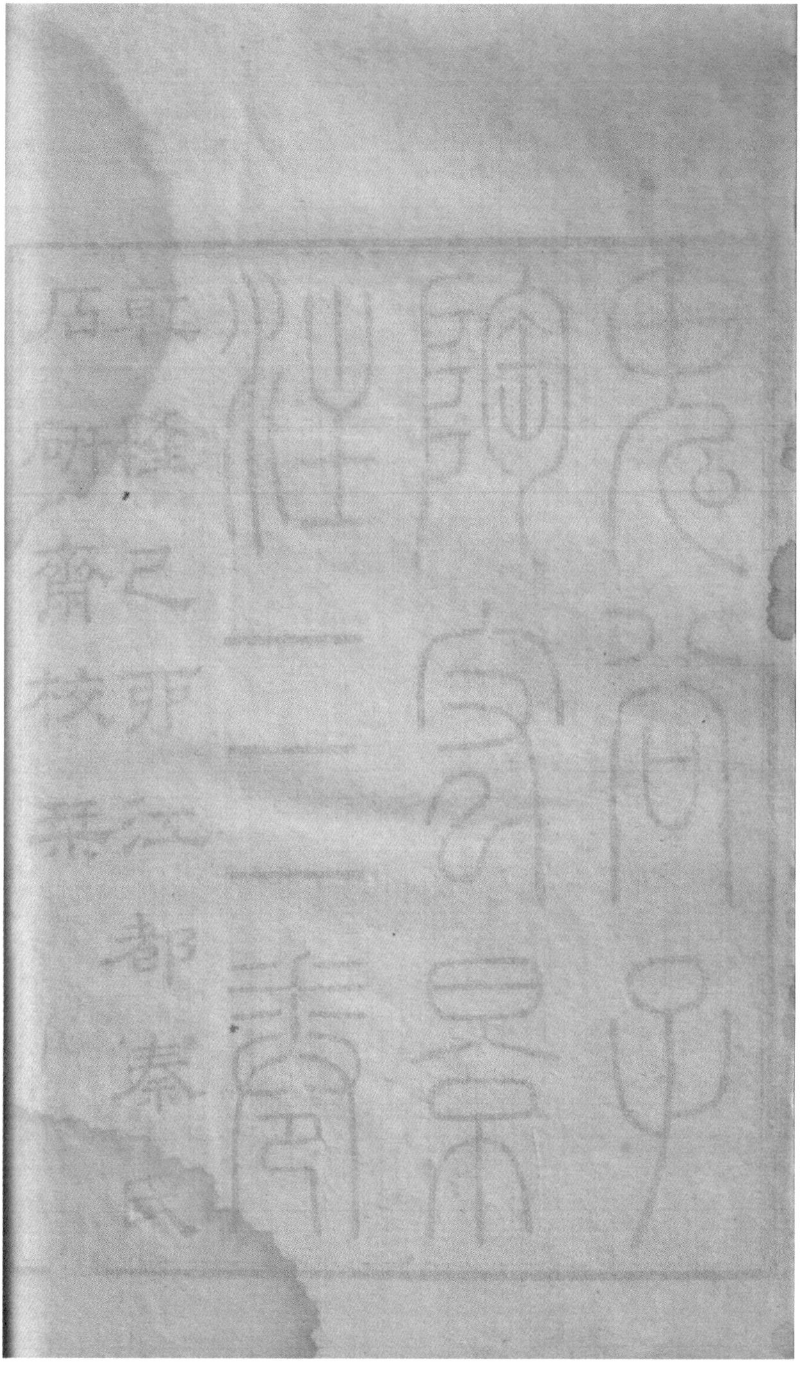

鬼谷子敘

翰林院編修充 內廷國史館纂修 武英殿纂修 文源閣詳校官秦恩復撰

鬼谷子陶宏景注三卷陽湖孫淵如同年讀道藏於華陰嶽廟時所錄本也乾隆丁未恩復與淵如校書于文源閣暇日出以相示計欲付梓旋以乞假歸里不果戊申冬來京師因取而校之按鬼谷子不知何人道藏目錄云姓王名詡晉平公時人史記云蘇秦師事鬼谷先生拾遺記則以鬼谷爲歸谷葢歸鬼聲轉爾雅曰鬼之爲言歸也其謂蘇秦託名鬼谷者以史記蘇秦列傳有簡練以爲揣摩期年揣摩成之語而鬼谷子適有揣摩二篇遂附會其說實無所據或云周時豪士隱于鬼

鬼谷子卷上　　梁陶宏景注

捭闔第一

捭撥動也闔閉藏也凡與人之言道或撥動之令有言示其同也或閉藏之令自言示其異也

粤若稽古聖人之在天地間也

若順稽考也聖人在天地間觀人設教必順考古道而爲之

爲衆生之先

首出萬物以前人用先知覺後知用先覺覺後覺故爲衆生先

觀陰陽之開闔以命物

尸子二卷附尸子存疑一卷

清汪繼培輯

光緒三年浙江書局據湖海樓本重刻本　趙萬里批注

汪氏輯本《尸子》初於嘉慶年間刊入《湖海樓叢書》，此浙江書局《二十二子》重刻本頗常見。惟清儒任兆麟、惠棟、孫星衍先此均有輯本，汪本後來居上，且此本係趙萬里舊藏，内文首頁鈐『萬里』朱文長方小印。書中多有趙萬里批校，乃補正汪氏輯本，使之更趨完善，殊難得。

版框高一七六毫米，寬一二六毫米。白口。

⊙尸子內封面

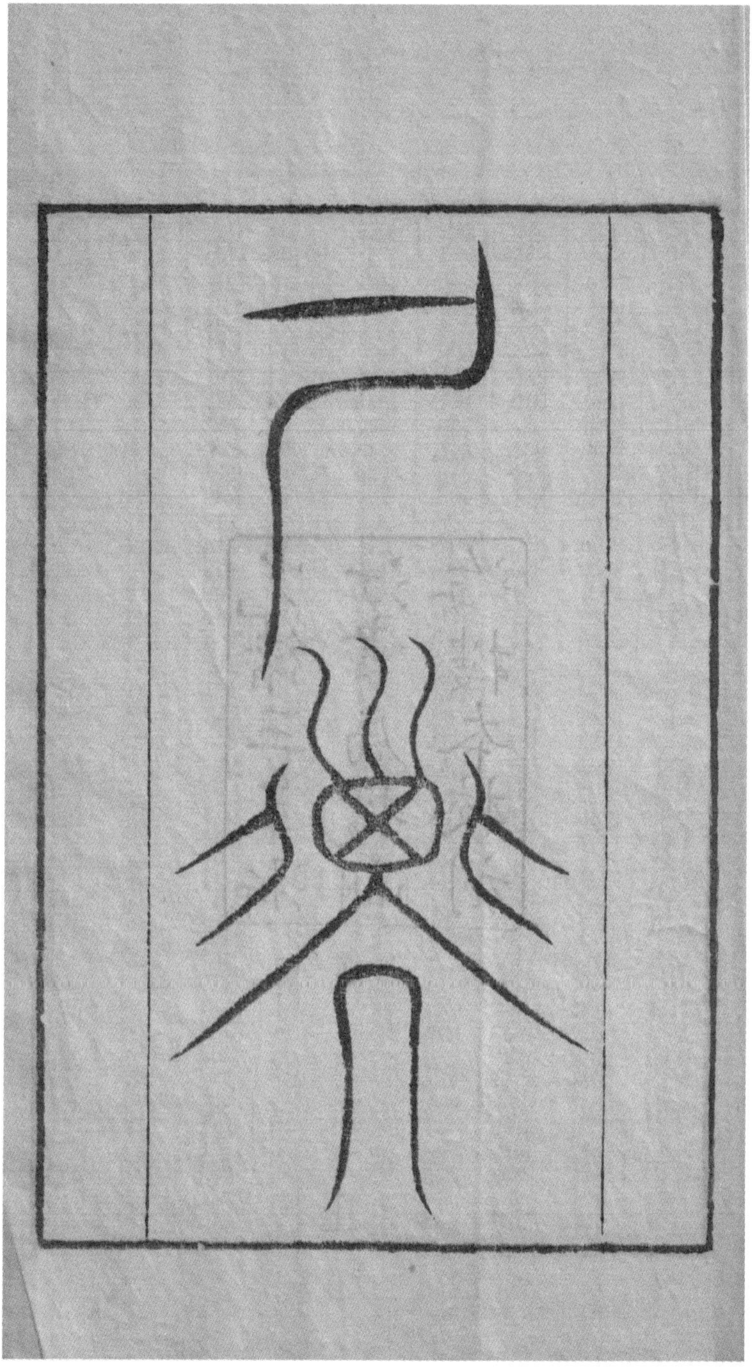

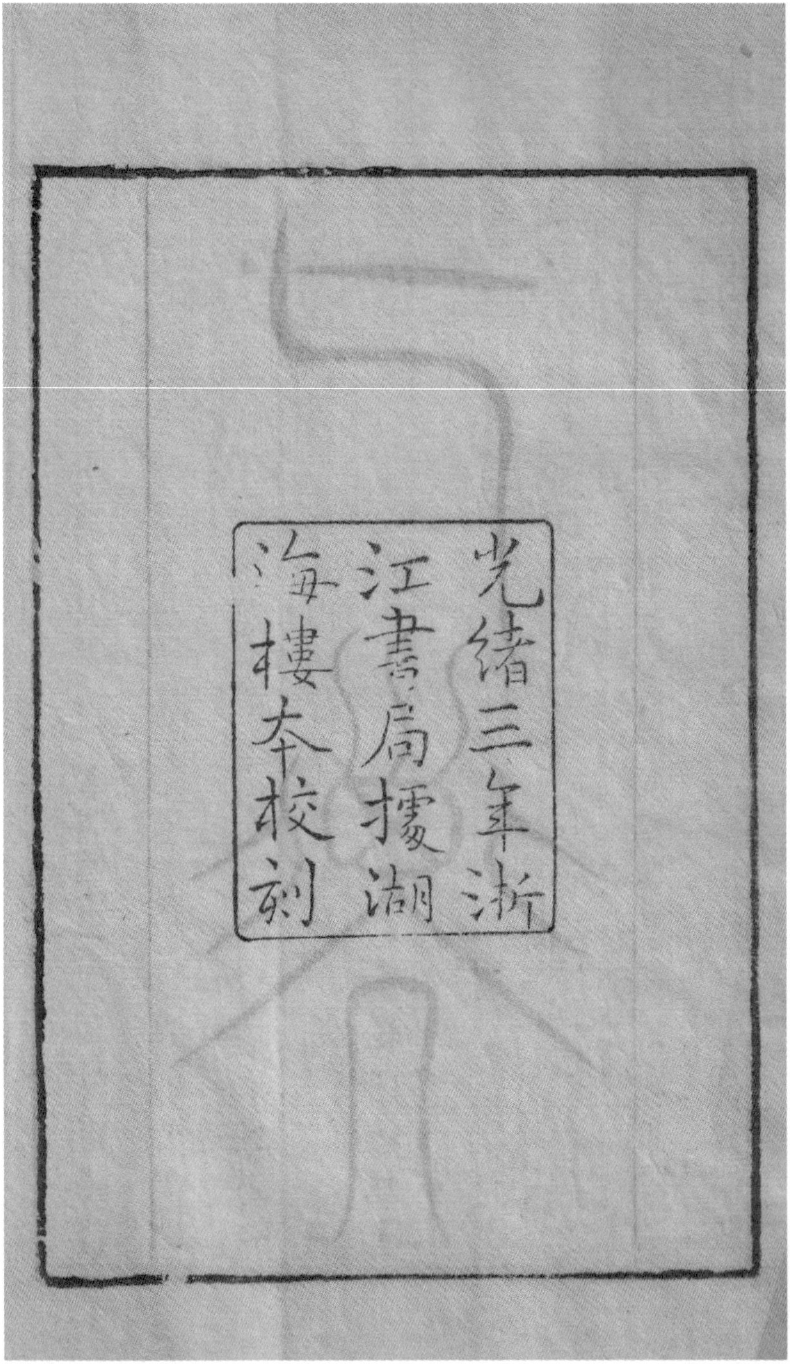

光緒三年浙
江書局據湖
海樓本校刻

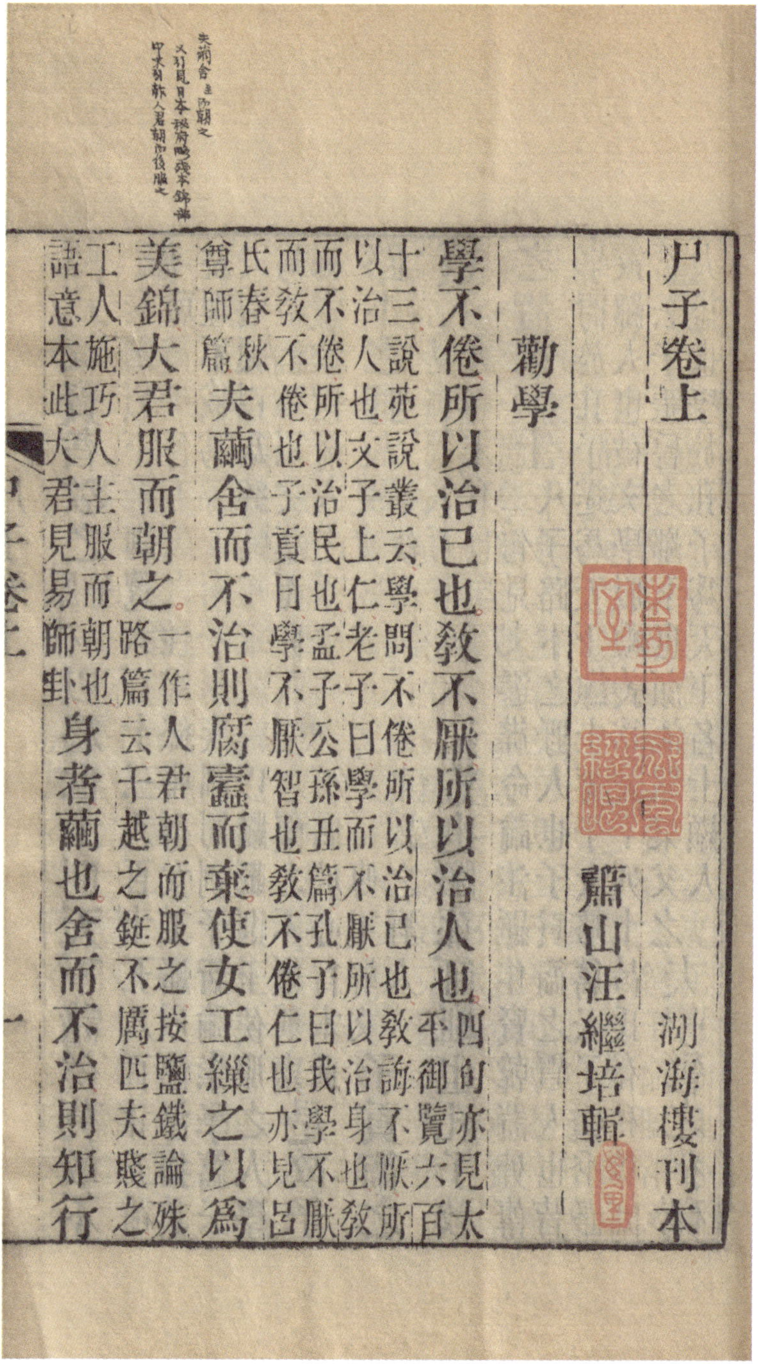

尸子卷上　　　湖海樓刊本

蕭山汪繼培輯

勸學

學不倦所以治己也教不厭所以治人也四句亦見太平御覽六百十三說苑說叢云學問不倦所以治己也教誨不厭所以治人也文子上仁老子曰學而不厭所以治身也教而不倦所以治民也孟子公孫丑篇孔子曰我學不厭而教不倦也子貢曰學不厭智也教不倦仁也亦見呂氏春秋尊師篇夫繭舍而不治則腐蠹而棄使女工繅之以為美錦大君服而朝之一作人君朝而服之按鹽鐵論殊路篇云干越之鋌不厲匹夫賤之工人施巧人主服而朝也語意本此大君見易師卦身者繭也舍而不治則知行

又引見日本秘府略殘本錦部
中大君亦人君朝而後服之

删定管子 一卷

清方苞删定

乾隆元年寫刻本

此書與方氏所删定《荀子》一併刊行，内封面題『删定管荀』。又卷端題『混同顧琮用方氏參校』，知滿族官員顧琮亦參與其事。方苞删定此書，意在使初學者摹擬詞章，故『凡辭之繁而塞、詭而俚者悉去之，而義之大駁者則存而不削』。方氏通篇施以圈點，且附有批注，俾便初學。

版框高一九二毫米，寬一二一毫米。白口。

管子

桐城方苞望溪氏刪定　混同顧琮用方氏叅挍

牧民第一

凡有地牧民者、務在四時、守在倉廩。國多財則遠者來、地辟舉則民留處。舉盡也、言地盡闢則人留而處之也、倉廩實則知禮節。衣食足則知榮辱。上服度則六親固。服行也、上行禮度、則六親各得其所、故恩義固結、六親謂父母兄弟妻子、四維張。則君令行。故省刑之要。在禁文巧。守國之度、在飾四維、順民之經、在明

金樓子 六卷

梁蕭繹撰

乾隆間刻《知不足齋叢書》本

鮑廷博校刻《知不足齋叢書》，文字覈定精審，某些書籍在書版刊成且已刷印流通後，仍續有訂正。據篇末汪輝祖跋文，此本當梓行於乾隆四十六年，而另有鮑廷博識語云『乾隆癸卯仲春重校一過』，知乾隆四十八年又重校此書，故書中頗有添改，有些竟增刻於字行之側。此本係毛太紙早印大本，書品寬展，殊難得。

版框高一二六毫米，寬九五毫米。黑口。

金樓子

⊙ 金樓子內封面

金樓子卷第一

梁孝元皇帝撰

興王篇一

粵若稽古天皇氏地皇氏人皇氏分有十紀一曰九頭二曰五龍三曰括提案春秋元命包作攝提博雅又作挺提四曰合雒案博雅作雄五曰連通六曰序命七曰脩飛案春秋元命包作循蜚八曰因穆案春秋元命包作提九曰禪通十曰疏訖案春秋元命包作仡容成氏大庭氏柏皇氏中央氏栗陸氏驪連氏赫蘇氏宗盧氏祝和氏渾沌氏昊英氏有巢氏朱襄氏葛天氏陰康氏

賀受之大（行）前就次（發璽）不封初至國都不哭言嗌痛不能哭
後卽位二十七日見廢

漢昌邑王賀嘗召皇太后御果下馬使官奴服之

漢昌邑王賀嘗封奴二百餘人常與居禁闥使中（御）府令
高昌奉黃金千斤賜侍中君卿取十妻

漢昌邑王嘗夢青蠅之矢積西階東可五六石以屋板
瓦覆發視之青蠅之矢也以問龔遂遂曰宜進先帝
大臣子孫親近以爲左右如不忍昌邑故人信用讒諛
必有凶咎願詭禍爲福皆放逐之臣當先逐矣

禹步之法余就受之至十歲時敕旨賜向道士黃侯瞧建安侯正立茲是汝年時汝不學義余尚幼未能受年十二三侍讀臧嚴又有此勸余荅曰只誦呪自是佳伎倆請守此一隅其年末乃頽然改途不復說呪也

石季倫篤好林藪有別廬在河南界金谷澗中澗中有水碓土窰

乾隆癸卯仲春重校一過知不足齋記

金樓子卷第六

又烏從而得之説者謂余之乞言齋心歆涕先靈殆呵
護之顧余則以爲太史表微闡幽之力與以文拳拳稽
古之心實隱隱焉遥相契合而金樓子之得以善本流
布藝林誠哉有數存焉然則古今來文字之足以不朽
者其精神不可終閟類如是矣余聞臺山歸江右後早
遊道山今雙節贈言得補登集録而金樓子以文梓入
叢書豈惟需葵爲能不負二雲之託抑臺山有知亦且
含笑地下也已
乾隆四十六年嘉平七日蕭山汪輝祖跋

困學紀聞注 二十卷

清翁元圻注

道光五年翁氏守福堂刻本

清人注王應麟書者，先此有閻若璩、何焯、全祖望數家，所謂三箋者也。在此基礎上，翁氏積數十年功力，凡三易其稿，成此新注，乃如友人胡敬序文所言，可謂集大成者。此注全録閻、全兩家注語，何氏注則删其同於閻者。此本刊刻精整，品相良好，學術研究基本典籍，洵足珍重儲之。

版框高一八一毫米，寬一三八毫米。白口。

道光乙酉年開雕

困學紀聞注

餘姚守福堂藏版

⊙ 困學紀聞注內封面

凡例

一是書有太原閻百詩先生長洲何義門先生鄞縣全謝山先生評注久已刊行卷中於閻氏全氏語皆全錄何氏注有與閻氏同者則存閻而刪何以省煩瀆

一閻注標閻按何注標何云從其舊也全注則於首一條標三箋本全云以後所云全氏皆三箋所載也其全氏另有所釋而不載於三箋者另標出處以清眉目

一三箋本兼載方朴山程易田方心醇屠繼序諸公之說雖不全錄亦標明姓氏

困學紀聞注卷一

餘姚翁元圻載青輯

易元圻案宋鄭畊老曰周易二萬四千二百七字　晁氏讀書附志曰石經周易十卷經註六萬六千八百四十四字

危者使平易者使傾易之道也處憂患而求安平者其惟危懼乎故乾以惕无咎震以恐致福元圻案震以恐致福乃宋張魏公紫巖易傳語見泰九三象辭　唐開元初禮部侍郎張廷珪上疏曰臣聞古有多難興王殷憂啓聖者皆以事危則志銳情迫則思深故能自下登高轉禍爲福云云其知易者乎

脩辭立其誠脩其內則爲誠脩其外則爲巧言易以辭爲重上繫終於默而成之養其誠也下繫終於六辭驗其誠不誠也辭非止言語今之文古所謂辭也三箋仝云易以辭爲重語意微有病○元圻案宋呂成公東萊易說曰辭之所發貴乎誠敬脩於外而不信於內此乃巧言令色　宋朱

譚誤四卷

明馬朴撰

道光十年朝邑李元春刻本

馬氏萬曆初舉人，歷官雲南按察使司巡洱海道。是書考辨經史，頗重字音，多有精到見解。該書後於道光十五年彙印入《青照堂叢書》，此尚是早印單行之本。

版框高一六八毫米，寬一一五毫米。白口。

譚誤

上

道光庚寅桐陰重刻

馬敦若先生譚誤

⊙譚誤內文首頁

譚誤卷之一

閬風山人馬朴敦若甫

詩栢舟篇曰日居月諸胡迭而微日月篇日居月諸照臨下土孔傳居諸語助辭毛傳並作乎字解宋孫履齋示兒編諸猶於也於猶居也言日月皆有所在周啟明考誤作兮字謂猶緑兮衣兮不得作實字用韓詩爲爾惜居諸皆誤余按字書月行曰褚一作諸則二字殊非語助亦非乎於兮字等解日居月諸猶曰往月來於迭相照臨亦切（卽作虛字解以日月爲居諸亦非）

經史問答十卷卷首附全氏世譜一卷

清全祖望撰　《全氏世譜》清董秉純撰

乾隆三十年萬福杭州刻本

此《經史問答》原刻單行本，並附董秉純跋語，述刊刻緣起。此本印行無多，今已極爲罕見。嘉慶九年餘姚史夢蛟刊印全氏文集《鮚埼亭集》，復購得萬福所刻《經史問答》書版，合印以傳，《經史問答》緣此流佈始廣。其附印於《鮚埼亭集》之後印本無董秉純跋語，並頗有剜改，所附《全氏世譜》則是另行重刻。

版框高一七五毫米，寬一一三毫米。黑口。

全氏世譜

全氏出自周官泉府之後以官爲氏其後以同音通於全據國語隗姓之分亦有潞洛泉余滿五氏然全氏之所出非隗也或曰全之本姓爲王漢元后之族屬以避新都之亂易姓如輔果或曰殷王高宗之後爲全二説皆無據全氏之著名於舊史者自東漢桂陽太守柔始其子大司馬錢塘侯琮以勛伐起孫吳尚主於是江左戚里莫如全氏大司馬兄子衛將軍永平侯尚以王舅諸子鎭北將軍都亭侯緒以東關破魏功臨湘侯懌以襲父業都鄉侯吳以國甥其餘如端如翩如緝如靖如禕如儀如紀如熙皆以侍郎都尉典兵宿衛旣而孫琳

跋

謝山先生文集一百二十卷前五十卷先生所手定自四十卷至四十九卷爲經史問目今年秋過武林吳丈城先生之同社也純請主剞劂氏吳丈曰海內望謝山文久矣全集今兹未能盡以問目十卷爲嚆矢可乎因商之杭丈世駿汪丈沆并遺書廣陵馬丈曰璐皆願勷事純亦告之同里諸後進隨力佽助而萬三福獨任校刊功尤爲多遂以集事純更請吳丈爲之序吳丈謙不敢當而謝山先生以全稿命純藏弆雖彌留亟請誰當序先生文者先生卒不答故今亦不敢別求叙但以純所詮次世譜弁首云乾隆乙酉九月十日門弟子董

全謝山先生經史問答卷一

易問目答董秉純

問說易家有互體其來遠矣南軒教人且看王輔嗣胡安定王介甫三家以其不言互體也然則互體之說非與而朱子晚年頗有取焉何也

答向來謂大傳之雜物撰德同功異位即指互體愚未敢信其必然蓋觀於多凶多功多譽多懼之語似於互體無涉然互體在春秋左氏傳已有之乃周太史之古法則自不可斥不必攀援大傳而後信也漢晉諸儒無不言互體者至王輔嗣鍾士季始力排之然亦終不能絀也特是漢儒言互祗就一卦一爻取象而未能探其

四寸學 六卷

清張雲璈撰

道光十一年張氏簡松草堂刻本

此書係張氏文史考訂札記。張氏自言所謂『四寸』云者，乃取義於荀子所云小人之學入乎耳、出乎口，口耳之間則四寸耳，蓋自謙之詞。該書後與張氏其他著述合印爲《三影閣叢書》，而此本墨色鮮明，字形清爽，書品寬大，當是彙印前單行之本，甚稀見。書中避雲璈父映辰諱，『辰』字闕筆。

版框高一六一毫米，寬一一八毫米。白口。

道光辛卯秋鐫

四寸學

簡松草堂藏版

四寸學卷一

錢唐張雲璈仲雅述

易四德

正義云元亨利貞四德有全有者有三德者有二德者有一德者其全無者如豫觀剝晉蹇解夬姤井艮歸妹凡十一卦予按豫二有貞吉晉初與二皆有貞吉四有貞厲上有貞吝蹇彖有貞吉解二有貞吉三有貞吝夬彖有利有攸往姤初有貞吉艮初有利永貞歸妹二有利幽人之貞皆不得謂全無四德所數十一卦中全無四德者止觀剝井三卦耳尚有睽卦

收區字但作歐音姓也

四亥四辰甲辰戊子

曾子宣以亥年亥月亥日亥時生章子厚呼爲四亥公韓子華以辰年辰月辰日辰時死陸農師挽詩云非關庚子曾占鵩自是辰年併值龍又雞跖集裴晉公問郎中庾威年甲對曰與公同是甲辰公笑曰郎中便是雌甲辰東軒筆錄載陳文惠與麗公同戊子生陳已貴麗尚爲小官常戲麗云君乃小戊子也後麗大拜文惠曰今日大戊子卻爲小戊子矣皆天生對偶

考辨隨筆二卷

清黄定宜撰

道光二十七年萍鄉文晟校刻本

是書爲文史考辨札記，多西南地理内容。刊刻精整，白紙初印，稀見。其刻書字體明顯受到同期廣州刻書風格影響。

版框高一七六毫米，寬一三六毫米。白口。

道光丁未年冬月刊

攷辨隨筆

萍鄉文晟題

⊙ 考辨隨筆內封面

攷辨隨筆卷一

龍州黃定宜半溪氏著
萍鄉文　晟叔來訂刊

文信國公集攷辨二則

黃冠歸故鄉之對前人嘗辯其非信公語以爲宋史之謬信公年譜及龔開劉岳申所作文丞相傳俱無此語觀鄧中甫傳欲奏請以公爲黃冠師乃謝昌元王積翁等十人之謀耳胡廣傳亦因中甫舊文謂王積翁諸人以公繫獄謀奏請於世祖釋爲黃冠師冀得自便畱夢炎阻之遂不果奏後世祖欲付公大任

攷辨隨筆卷二

龍州黃定宜半溪氏著

萍鄉文　晟叔來訂刊

書連州志後

通鑑晉愍帝建興三年陶侃執劉沈於小桂胡三省註曰秦置桂林郡漢武帝改曰鬱林郡治布山桂林爲縣屬焉吳孫皓爲皇三年分立桂林郡因謂桂林爲小桂陶宏景曰始興桂陽縣卽是小桂據胡氏此說則小桂縣有二矣班書地理志桂陽郡領桂陽縣後孫皓割桂陽立始興郡桂陽縣屬焉陶故云始興

嫺藝軒襍著三卷

清黃家岱撰

光緒二十一年南菁講舍刻本

此書前兩卷爲黃氏經史考訂札記，末一卷係讀書議論文章。逐卷卷末分别鐫『弟家鶩/家驥校』『家穀/家璵校』『子次玎校』注記。初印，字跡清爽，墨色鮮亮。

版框高一六七毫米，寬一二五毫米。黑口。

嫕蓺軒襍著

光緒乙未
槧於江蘇
南菁講舍

儆藝軒襍箸

定海黃家岱

釋周易八卦名義

乾坤震巽坎離艮兌卦名也健順動入陷麗止說卦義也卦之義生于名卦之名生于象而象出于畫不論卦畫與象其名義無由解也夫天爲純易之氣上包日月風雷下包山澤大地而不墜非特天之大氣足以舉之亦以日月風雷山澤大地之氣皆上達于天故其氣膠固鬱結而不可解解斯墜矣卦以易之三畫爲天其卦曰乾說文乾上出也从乙物之達也倝聲許氏此說實

櫝山類藁三卷

清周鎬撰

約嘉慶年間前後刻本

《清續文獻通考》載周氏爲乾隆癸卯舉人，官至浙江衢州府知府。此本含《課易存商》一卷、《讀書雜記》一卷、《隨筆雜記》一卷。前兩種記作者讀經心得，《隨筆雜記》則兼及經、史兩類。此本《販書偶記》正續編俱未載録，甚罕見。《中國叢書總録》另著録有光緒十年木活字本。

版框高一七五毫米，寬一一三毫米。黑口。

犢山類藁目録

䷀ 乾下乾上

犢山類藁　　　　梁溪周鎬懷西氏學

課易存商

問大哉乾元萬物資始乃統天易與天地準至矣盡矣元是何物而能統天曰元者善之長生生之理也有生理而後有天地有天地而後有萬物苟無生理則乾坤毀而萬物無從育矣故曰萬物資始乃統天曰萬物本乎天道之大原出於天言理者極天而止今曰有生理而後有天地何也曰自其用言之則理流行於天地之中自其本言之則天地統攝於理之內繫辭云易有太極是生兩儀兩儀

犢山類稾

讀書雜記　　梁溪周鎬懷西氏學

克明峻德以親九族身修而后家齊也九族旣睦平章百姓家齊而后國治也百姓昭明協和萬邦國治而后天下平也聖學主乎敬君德莫如明故欽明爲放勳之本前有五帝其書弗傳可以一字推也後有三王其文日積可以一二字該也

萬章曰父母使舜完廩捐階瞽瞍焚廩使浚井出從而揜之吾讀堯典而知萬章之說妄也明揚側陋之時瞍與象

東塾讀書記十五卷

存卷一至八，卷一〇至一二，卷一六，卷二一，計十三卷。

清陳澧撰

約光緒初年初刻試印本

此書凝聚陳氏一生讀書心得，深醇雅正。作者原定二十五卷，實際僅刊成十五卷，卷一三至一四、一七至二〇、二二至二五共十卷未成。此本文字同後來正式印行之十五卷本頗有出入，乃作者初刻試印者，書中多存墨釘未鏟，殊罕見。此本未見卷九禮記和卷一五鄭學兩卷，或當時尚未刻成。蓋隨刻隨印，無足怪也。

版框高一八八毫米，寬一四二毫米。黑口。

東塾讀書記卷一

番禺陳澧撰

孝經

六藝論云孔子以六藝題目不同指意殊別恐道離散後世莫知根源故作孝經以總會之孝經序正義引○隋書經籍志亦有此數語其下云明其枝流雖分本萌於孝者也此二句或亦六藝論之語澧案六藝論已佚而幸存此數言學者得以知孝經爲道之根源六藝之總會此微言未絕大義未乖者矣

說文卷末載許叔重遣子沖上說文書並上孝經孔氏古文說澧謂孔子教弟子孝弟學文許君以二書並上蓋亦此意惜孝經孔氏古文說竟不傳也

荀慈明對策云漢制使天下誦孝經後漢書本傳澧案續漢書百官志司隸校尉假佐二十五人孝經師主監試經諸州與司隸同

東塾讀書記卷　　番禺陳澧撰

三國

王肅爲尚書詩論語三禮左氏解及撰定父朗所作易傳皆列於學官其所論駁朝廷典制郊祀宗廟喪紀輕重凡百餘篇又集聖證論以譏短鄭康成其僞作孔子家語自爲序云鄭氏學行五十載矣義理不安違錯者多是以奪而易之劉知幾云王肅注書好發鄭短凡有小失皆在聖證（劉知幾孝經注議見文苑英華卷七百六十六又見唐會要卷七十七孝經序正義采其語而沒其姓名）澧案魏之典制多因於漢鄭君注禮亦多用漢制王肅幼爲鄭學（此王肅語見周禮媒氏疏）其後乃欲奪而易之實欲幷奪漢魏典制而易之使經義朝章皆出於己也小失皆發鄭短可見其不遺餘力矣肅爲魏世臣而黨於司馬氏以傾魏祚身死之後其外孫司馬炎簒魏事事尊王景侯竟遂其

諸儒考證之書略備幾於見成物事矣學者取見成之書而觀之不甚費力不至於困矣至專意於其近者則尤爲切要之學而近百年來爲考證之學者多專意於近者反少則風氣之偏也

黄勉齋爲朱子行狀云其爲學也窮理以致其知反躬以踐其實居敬者所以成始成終也李果齋[redacted]亦云主敬以立其本窮理以致其知反躬以踐其實宋史取此數語入朱子傳朱子弟子所述朱子之爲學如此然此其大略耳今采朱子書以證明之

窮理之說朱子著於大學補傳又作或問數千言以明之所引程子語十六條以明所謂竊取程子之意其一條云或讀書講明道義或論古今人物而別其是非或應接事物而處其當否皆窮理也又一條云或先其易者或先其難者各隨人淺深譬如千蹊萬徑皆可以適國但得一道而入則可以推類而通其餘矣又一條云如欲爲孝則當知所以爲孝之道如何而爲奉

羅藦亭札記八卷

清喬松年撰

同治十二年刻本

此書爲喬氏讀書札記，雖不甚精，亦自有心得。此等學術著述，當日自印行無多，今更不易一遇。白紙初印，且書品寬大。

版框高一九八毫米，寬一四四毫米。白口。

羅摩亭札記

磁州王叚楓署檢

色滋榮與所謂靈禽嘉卉同游並茁於六合之內亦未可知也若謂覬附於作者之林則僕何敢

同治癸酉季春朢水

喬松年自識

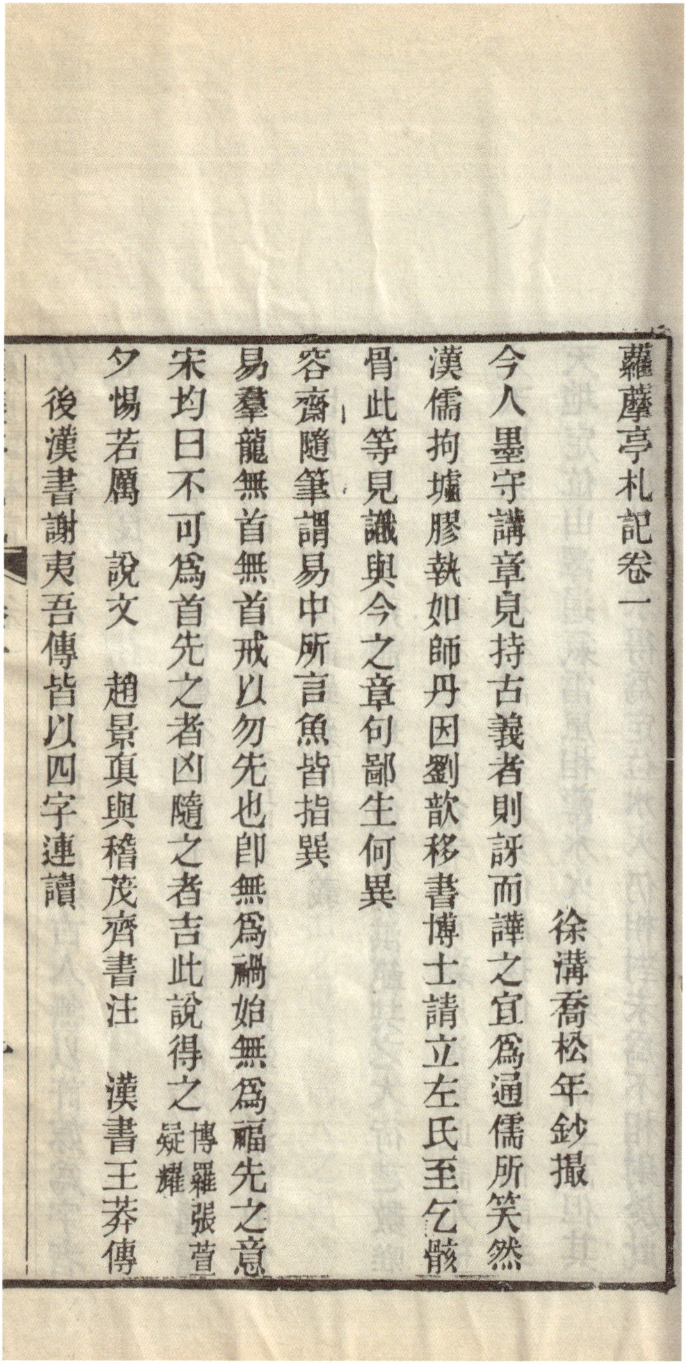

羅藦亭札記卷一

徐溝喬松年鈔撮

今人墨守講章見持古義者則訝而譏之宜爲通儒所笑然漢儒拘墟膠執如師丹因劉歆移書博士請立左氏至乞骸骨此等見識與今之章句鄙生何異

容齋隨筆謂易中所言魚皆指巽

易羣龍無首無首戒以勿先也卽無爲禍始無爲福先之意宋均曰不可爲首先之者凶隨之者吉此說得之博羅張萱疑耀

夕惕若厲　說文　趙景眞與嵇茂齊書注　漢書王莽傳後漢書謝夷吾傳皆以四字連讀

⊙ 羅藦亭札記內文首頁

讀諸子諸儒書雜記一卷

清方宗誠撰

光緒四年刻本

方氏以『柏堂讀書筆記』總題，相繼刊佈一批讀書札記，此爲其中之一。書中所記皆讀子書儒書感悟，非關考據。

版框高一七三毫米，寬一二六毫米。黑口。

讀諸子諸
儒書雜記
一卷

光緒四年四月開雕

柏堂讀書筆記

桐城方宗誠述

讀諸子諸儒書雜記

凡讀史書及諸子百家文集須先窮究聖賢經書及程朱義理之書理明義精方能辨是非眞僞所謂有規矩準繩始不可欺以方員平直也此最爲讀書攷古之要法

老子曰上德不德是以有德不德者亦似大而化之之意下德不失德是以無德不失德者亦似守而未化之意然曰不德是以有德不失德是以無德終是過高之語與所謂天地不仁聖人不仁天地無恩大仁不仁語

讀史雜記 一卷

清方宗誠撰

光緒四年刻本

方氏以『柏堂讀書筆記』總題，相繼刊佈一批讀書札記，此爲其中之一。書中所記皆讀史書體悟，非考據史事者。

版框高一七三毫米，寬一一六毫米。黑口。

讀史雜記 一卷

光緒四年六月開雕

柏堂讀書筆記

桐城方宗誠述

讀史雜記

春秋時三家擅國昭公孫齊孔子每年必書曰公在乾侯不予大夫之專政也惠帝遭人彘之變日飲爲淫樂不聽政政由太后然惠帝君天下七年漢書爲立本紀宜也史記但載入呂后紀中豈春秋正名之義哉惠帝四年舉民孝弟者復其身省法令妨吏民者除挾書律又欲除三族罪妖言令此皆惠帝之善政陳仁錫論呂氏之禍曰當時羣臣盡如王陵能制諸呂乎鍾伯敬亦曰呂氏之禍漢在將兵居南北軍而不在爲王故封王之議平勃不甚爭蓋既失于前故欲緩圖

⊙ 讀史雜記內文首頁

讀文雜記 一卷

清方宗誠撰

光緒四年刻本

方氏以『柏堂讀書筆記』總題，相繼刊佈一批讀書札記，此爲其中之一。書中所記皆解析文辭事。

版框高一七三毫米，寬一二六毫米。黑口。

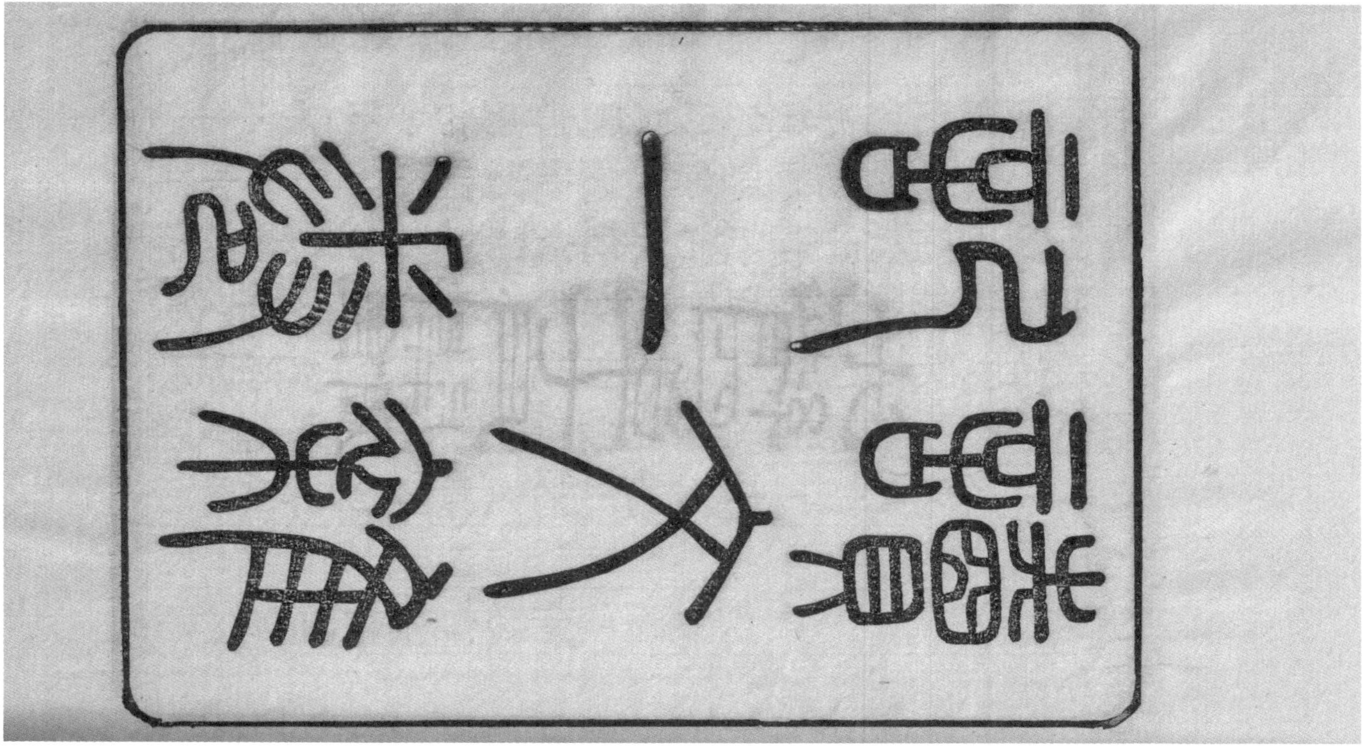

⊙讀文雜記內封面

光緒四年七月雕

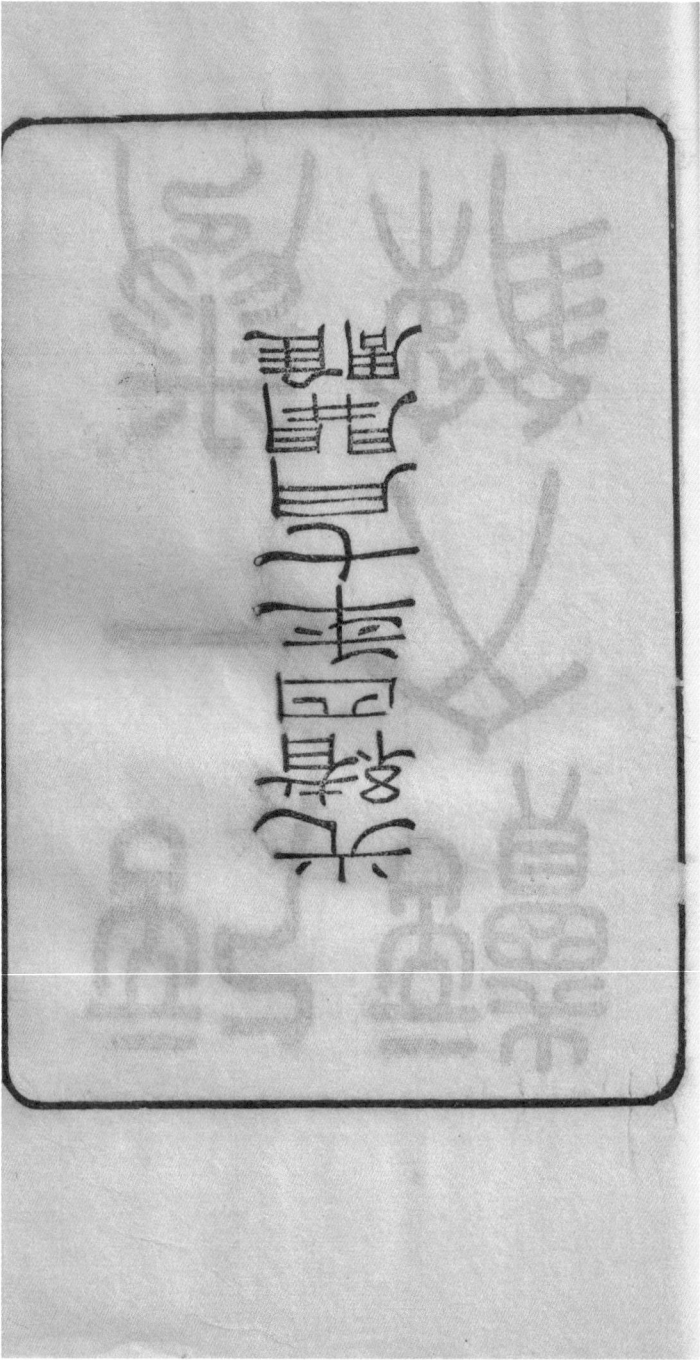

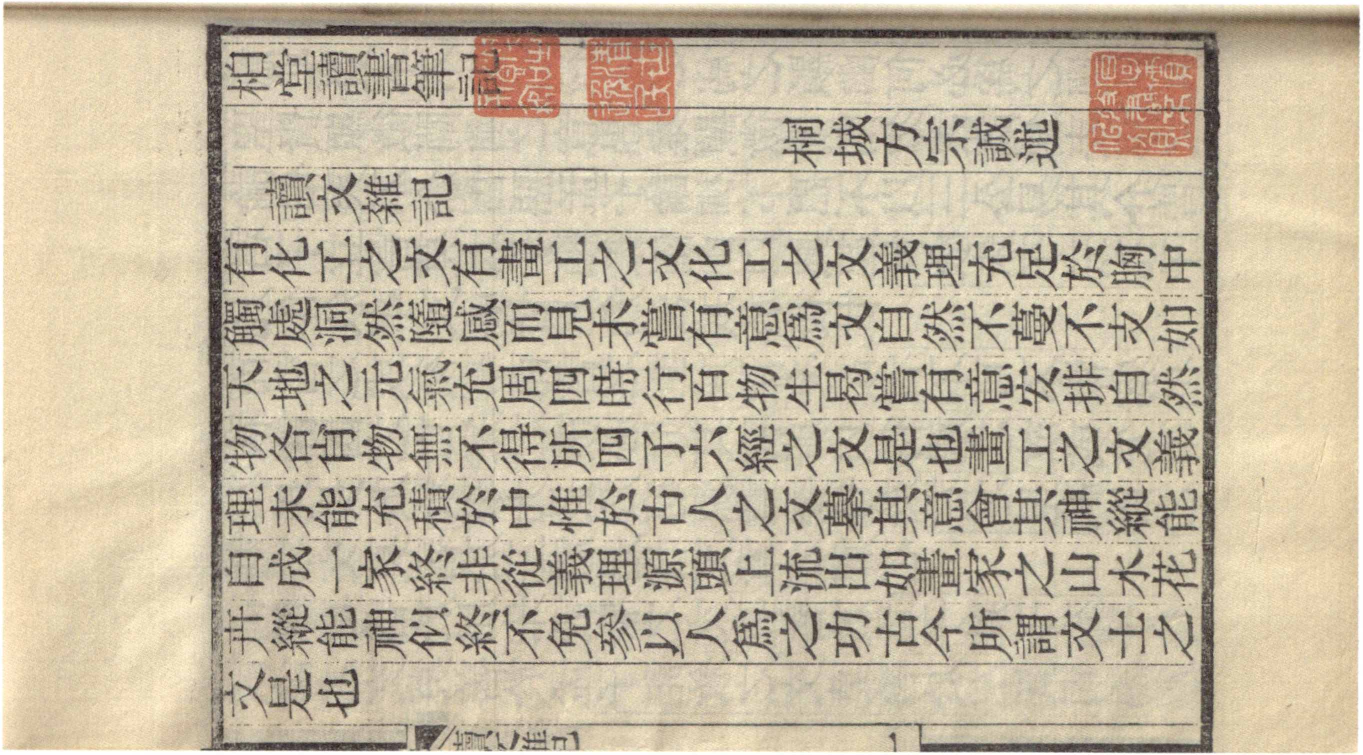

柏堂讀書筆記

桐城方宗誠述

讀文雜記

有化工之文有畫工之文化工之文義理充足於胸中觸處洞然隨感而見未嘗有意爲文自然不蔓不支如天地之元氣充周四時行百物生曷嘗有意安排自然物各自肖無不得所四子六經之文是也畫工之文義理未能充積於中惟於古人之文摹其意會其神縱能自成一家終非從義理源頭上流出如畫家之山水花卉縱能神似終不免參以人爲之功古今所謂文士之文是也

⊙ 讀文雜記內文首頁

栢鄉魏氏傳家錄四卷

清魏裔介撰

康熙三十三年栢鄉魏氏家刻本

作者魏裔介乃清初理學名家，也是清廷顯宦。此書係乃子魏勷以裔介平日論學論行言語編錄而成，刊行於魏裔介身後。此本傳世甚罕，《販書偶記》正續編俱未著錄。

版框高一八三毫米，寬一二七毫米。白口。

魏氏傳家録

淺以身教者濬先生蓋以身教者也宜亮
釆珍而藏之奉爲世寶時以西曹正郎出
爲建昌太守特此以往以庭訓訓郡民視
百姓如一家矣若退食有暇當於白鹿洞
前日讀一則

康熙歲次壬戌刑部尚書蔚州魏象樞題

栢鄉魏氏傳家錄卷一

太子太傅保和殿大學士兼禮部尚書加一級先貞菴公庭訓

男勷薰沐敬輯

人生留意于聖賢之學者以聖賢所言皆吾心之理不過先得之耳少年加功夫研究則心志有主是謂能立其道不過知吾心性淸虛之中包含至理而一切口目耳鼻之欲特陰陽之氣耳小體不能奪大體便是大人今世人至四五十歲便昏潰淆亂甚至無

唐闕史 二卷

唐高彦休撰

乾隆年間錢塘鮑廷博刻《知不足齋叢書》本

清廷纂修《四庫全書》，鮑氏進呈善本六百餘種，此《唐闕史》底本蒙乾隆皇帝題詩一首，故被列爲叢書第一種。《知不足齋叢書》審校極爲精審，刻竣印行後仍續有校勘，故稍後印本因或有校改而轉勝於初印之本。此本篇末所附後人跋文，即與初印本有重大差別，文中亦偶有改字。

毛太紙早印大本，書品寬展，殊難得。

版框高一二六毫米，寬九四毫米。黑口。

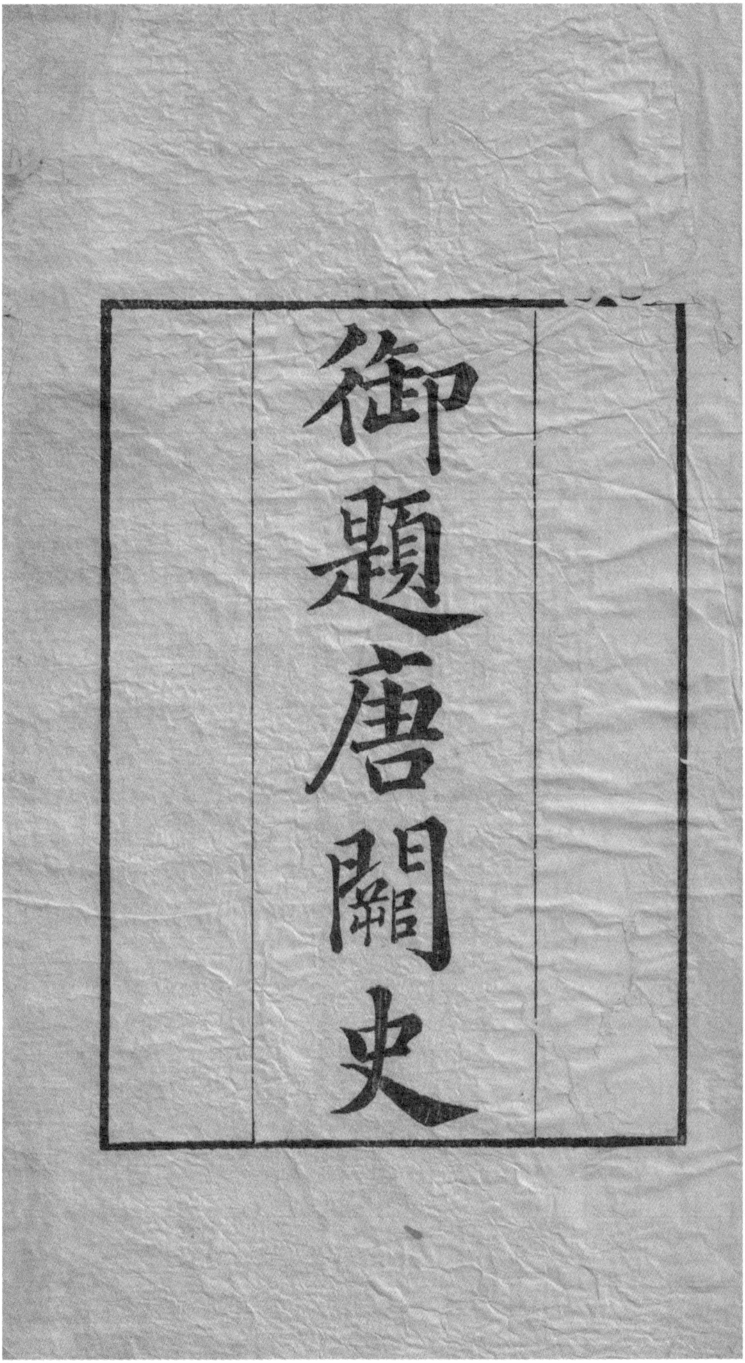

御題唐闕史

⊙ 唐闕史內封面

御覽闕史卷上

寇陷鍾陵毒逋歲詔會諸侯之師討之朱格茁間統兵者帶繞於賊堞王八督軍日月而至宴犒迎餞旬日無虛時先是自九江至於敷淺原寶視肥豨及大軍加境暢飲薦羞不常厥味貓脾鼠肝亦登于俎是以二物也猶傲價于霧市逾月復聲一日上命內臣之貴顯者慰撫于柳營有軍帥置生饌於皇華發函伸幅以肉脚冠其首皇華喜爲珍既不以羊呼者意其避心瞿之字也則命啟器乃刑刖一足屈於櫝中纖微麻縷亦不削去皇華大噱終日不食

異績不可殫記咸此類也巢賊陷洛之前年寺僧見東鵶鳴吻上有靑碧霏烟徑衝天漢如筒如幢其圓合抱是日秋霽天無纖雲斯氣也自卯至酉而後銷散烟中隱隱如有物上下觀者如堵竟不能諭粤二年燼滅於賊燧

御覽闕史卷下

政和三年秋於東都淸平坊傳此書敘云甲辰歲編次蓋唐僖宗中和四年也而其閒已有書僖號者或後人追改之彥休敘事頗可觀但過爲緣飾殊有銑谿虬戸體此其贅云次年三月七日再閱一過黃伯思書

參寥子者高彥休乾符中人也衆傳之本出余余得之丈人太僕李公公得之海虞錢允言家祝允明記

筠廊偶筆 二卷

清宋犖撰

康熙刻《説鈴》本

雜記見聞，友人陳維崧序稱其文字遒峭整潔，在裴松之《三國志注》與酈道元《水經注》伯仲間。《説鈴》零種傳本殊多，本不足重，然此本刷印甚早，盡顯其寫刻字體灑脱自然之態，足堪賞玩。

版框高二〇〇毫米，寬一三九毫米。白口。

筠廊偶筆卷上

商丘宋　犖牧仲

吾宋城南有幸山堂宋高宗南渡駐蹕之所明崇禎中沈氏濬池得片石如墨玉有鐫字數行乃淳化帖九卷第一版王獻之書也此石失去始末曹士冕法帖譜系載之頗詳其為襄州原刻無疑董文敏嘗欲以百金購之主人益大珍惜別刻一石以應求者明末寇變並瘞兩石蔬圃中後覓不可得數年前余見此石原搨一紙於友人處精光炯炯果異他本

明正德時河南產麒麟貯鄭郡庫中萊陽其公為郡守割取麟之一臂藏於家余宗玉叔兄琬親見之方鱗黃色光潤如蠟珀鱗四周五彩環遶如月華狀為從來傳說所未及

鴻泥雜志四卷

清馬毓林撰

道光六年刻本

是書作者自署『雪漁氏』，檢民國《重修商河縣志》及民國《山東通志》，知山東商河縣有號雪漁之馬毓林，係嘉慶戊辰進士，歷任刑部郎中，後出守雲南麗江府，旋調雲南府。馬氏在麗江知府任上著成此書。書中記作者所見黔、滇兩地山川風俗，史料價值甚高而印本流傳極罕，《販書偶記》正續編俱未見著錄。

版框高一八五毫米，寬一三一毫米。白口。

鴻泥雜志卷一

雪漁氏編

黔中山多陡峻鎮遠以西則文德關相見坡禹梁杠雲頂關貴陽以西則黄果樹鳳凰關石龍關打鐵關拉邦坡老鷹岩南車坡等處皆鳥道懸空肩輿須雇縴夫牵挽以行眞不亞於蠶叢之蜀道矣

由常德雇麻陽船入灘河河水不甚深惟水中亂石参差與船相擊觸往往船爲石損自常德至鎮遠共有三百餘灘最險惡

家居自述 一卷

清查廷華撰

道光七年刻本

作者出身師爺，捐官通判入仕。此書記其親歷政事，以在福州署理海防同知時收降海匪朱渥事史料價值最大。書中對其他海匪及臺灣地方事宜也有重要記載。《販書偶記》正續編及《清史稿·藝文志》正補編俱未見著錄，傅增湘《藏園訂補郘亭知見傳本書目》則特地著錄一部鈔本，足見此刻本甚爲罕見。

版框高一七〇毫米，寬一二一毫米。白口。

家居自述

涇西查廷華實庵氏手編

華少孤貧攻舉業屢試不售間闗赴閩投舅氏習幕務初就書記繼爲閩督冠甫魁公倫所知錄掌章奏相依三載凡擬敷陳均獲報可時同鄉汪稼門先生志伊任閩撫一切奏議亦委之于華譽之者動稱綠水芙蕖然非華讀書本志也

嘉慶三年冬冠甫公以憂歸華偕慶佑之先生保前赴汀郡五年春玉達齋制府德仍招入督署六年

對山書屋墨餘録十六卷

清毛祥麟撰

同治九年上海毛氏亦可居刻本

作者里居上海，此書雜記見聞，自言『生是滬人，宜多滬事，頻罹寇亂，因屢言之。至凡殊俗奇製之登，亦以海舶所湊，聞見較多』。故對研究清末上海史事具有較高史料價值。

版框高一〇三毫米，寬八五毫米。白口。

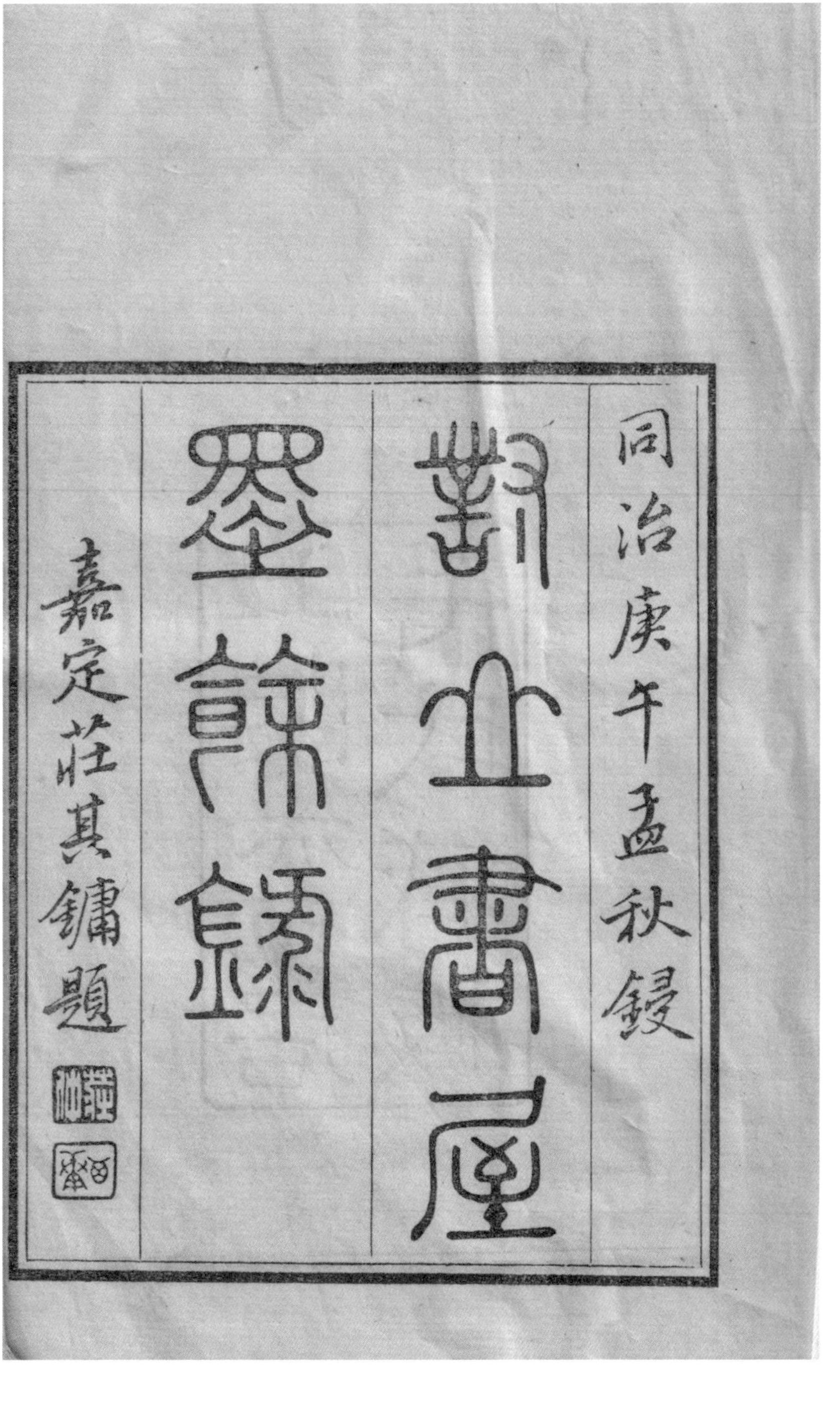

同治庚午孟秋鋟

對山書屋墨餘錄

嘉定莊其鏞題

⊙對山書屋墨餘錄內封面

上海亦可居
毛氏藏板

⊙對山書屋墨餘錄內文首頁

得偃武修文氣象

語極洗鍊

對山書屋墨餘錄卷一

上海　毛祥麟　對山

丁祭盛儀

同治癸亥金陵克復粵逆就俘邑駐防各兵次第撤時丁公日昌觀察蘇松論董修文廟工未竟而擢任去攝篆者應公寶時也甲子秋請於大中丞撥款踵修閱六月而竣材良甓堅丹明堊潔殿廡堂閣學齋坊表之屬靡不改煥又以舊日春秋釋奠無樂器而祭器亦多損失乃飭司事按譜增置計在禮器如大

迎靄筆記二卷

清程鴻詔撰

同治後期程氏家刻本

程氏學識淹博，此書係同治三年及同治十年因病家居時雜記世事見聞與讀書心得，所謂『迎靄』乃家鄉黟縣東南門名，蓋其宅院臨近此門。

此本後彙印入作者《有恆心齋全集》，此尚是初印單行之本，墨色鮮亮，字鋒爽利，自足珍重。

版框高一七九毫米，寬一三二毫米。黑口。

迎霱筆記卷一　　黟程鴻詔伯專

王建早發金隄驛詩云從軍豈云樂憂患常縈積唯願在家貧團圓過朝夕又遠將歸詩云遠將歸勝未別離時在家相見熟新歸歡不足去願車輪遲回思馬蹏速但令在舍相對貧不向天涯金繞身張籍促促詞云家家桑麻滿地黑念君一身空努力願教牛蹏團團羊角直君身常在貧亦得戎昱中秋感懷詩云昨宵北牕夢夢入荆南道遠客歸去來在家貧亦好皆平悟之言

趙甌北五古第四卷靈谷寺云崇閎古招提背倚鍾山麓平岡左右抱陰翳萬樹綠山門到堂廡鞭馬恐不速中恢無梁殿制仿古陶復同治癸亥中秋湘鄉師問跑馬關山門者郎此靈谷寺趙所云鞭馬是也

椒生隨筆八卷

清王之春撰

光緒七年刻本

作者爲清末封疆大吏，著述以《國朝柔遠記》最爲知名。此書雜記掌故軼聞與讀書心得，刊刻雖晚而《販書偶記》正續編俱未著録，較稀見。

版框高一七七毫米，寬一一九毫米。白口。

椒生隨筆卷一

清泉王之春譔

戒子孫

予七世祖　船山公諱夫之戒子孫云勿作贅婿勿以子女出繼異姓及爲僧道勿嫁女受財或喪子嫁婦尤不可受一絲勿聽鬻術人改葬勿爲訟者証佐勿爲人作呈訴及作歇保勿爲鄉團之魁勿作屠人廚人及鬻酒食勿挾火鎗弓弩網獵禽獸勿習拳勇咒術勿作師巫及鼓吹人勿立壇祀山魈跳神能土

餘墨偶談八卷

清孫橒撰

同治十年廣州刻本

此書雜談文史掌故及作者經歷見聞，《販書偶記》正續編俱未著錄，稀見。巾箱小本，其版刻奇特者在卷首序文處僅鐫一『序』字，下空兩頁版面，僅有界欄，猶如無字碑面，不知用意何在。

版框高一〇一毫米，寬七二毫米。下黑口。

⊙ 餘墨偶談書衣

餘墨偶談
辛未花朝
潭生居士
書

⊙ 餘墨偶談牌記

序

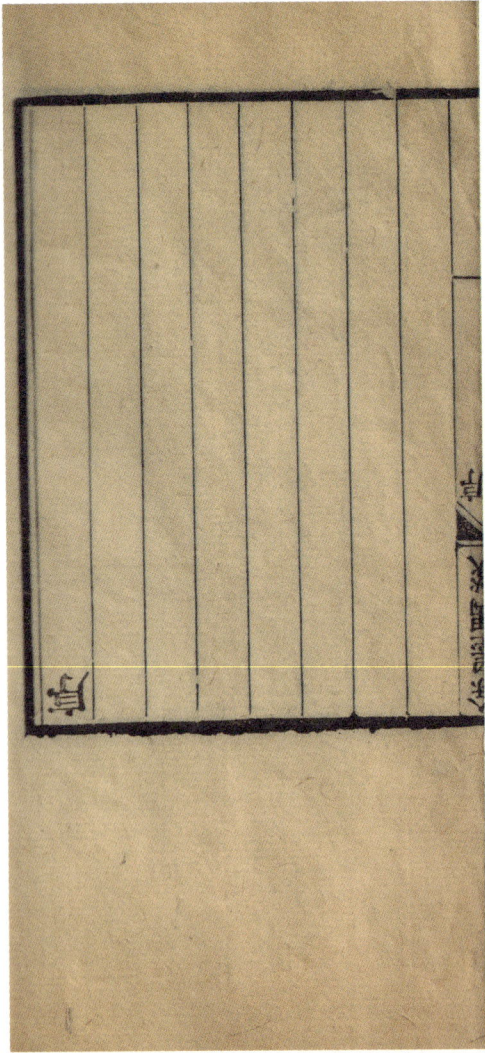

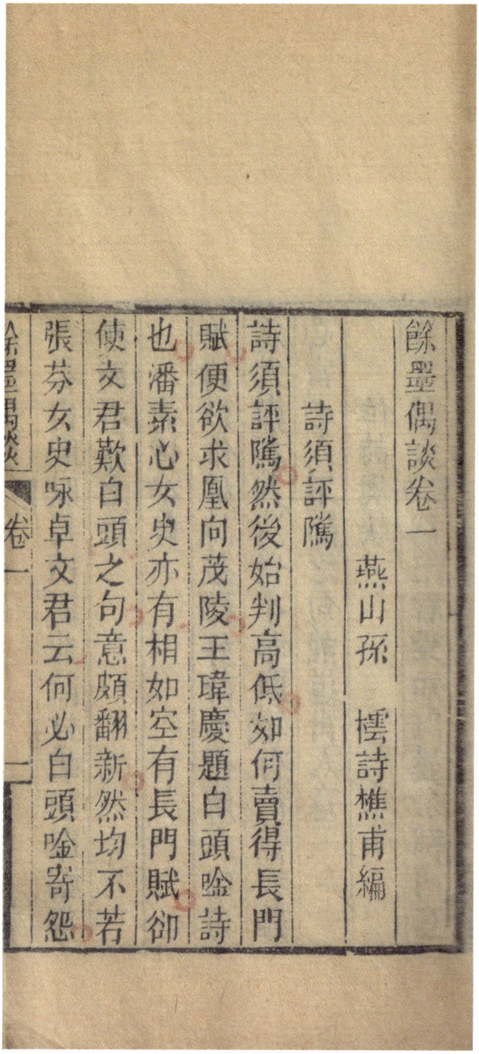
餘墨偶談卷一

燕山孫　橒詩樵甫編

詩須評騭

詩須評騭然後始判高低如何賣得長門賦便欲求凰向茂陵王瑋慶題白頭唫詩也潘素心女史亦有相如空有長門賦卻使文君歎白頭之句意頗翻新然均不若張芬女史咏卓文君云何必白頭唫寄怨

餘墨偶談　卷一　一

⊙ 餘墨偶談內文首頁

日知堂筆記三卷

清郭沛霖撰

光緒十四年郭氏家刻本

作者歷官翰林院庶吉士、編修、江蘇淮揚道，亡故於洪楊之亂。此書係郭氏身後其子階於乃父日記中摘録『有關於政事文章、人心風俗者，依類排比』而成，説見篇末郭階識語。書中所記清代掌故，史料價值頗高。

版框高二〇六毫米，寬一三二毫米。下黑口。

日知堂筆記卷上

蘄水郭沛霖著

奉三無私殿引見

己酉閏四月十七日開列起居注官帶領引見是日寅初下園卯初到本衙門茶房辰初入奏事門折而西迤邐行半里許有河滙為湖湖在殿北東西徑二里許南北濶半里許傍岸繫艇子二內監習流者操篙檝非軍機大臣莫能問渡也湖西有板橋二道紅欄雕簇橫跨水面夾岸垂楊無數連天一碧亭館島嶼隱現參差渡橋循湖折而東小山盤曲石路坡陀行半里許面湖有榭五楹額書

⊙日知堂筆記內文首頁

古今秘苑三十二卷

題『磨墨主人』編

約清中期刻本

作者又題『十二銅樓主人』，不詳何人。此書大致屬清初書坊所爲，介紹日常生活中各種瑣事的處理方法和技巧，從文房什物，到衣食住行，包羅萬象而行文甚爲簡略，鐫作迷你袖珍小冊，以便隨時翻檢。此書對研究古人日常生活價值很大，然而傳本稀少，今已難得一見。

版框高八九毫米，寬六七毫米。白口。

⊙古今秘苑書衣

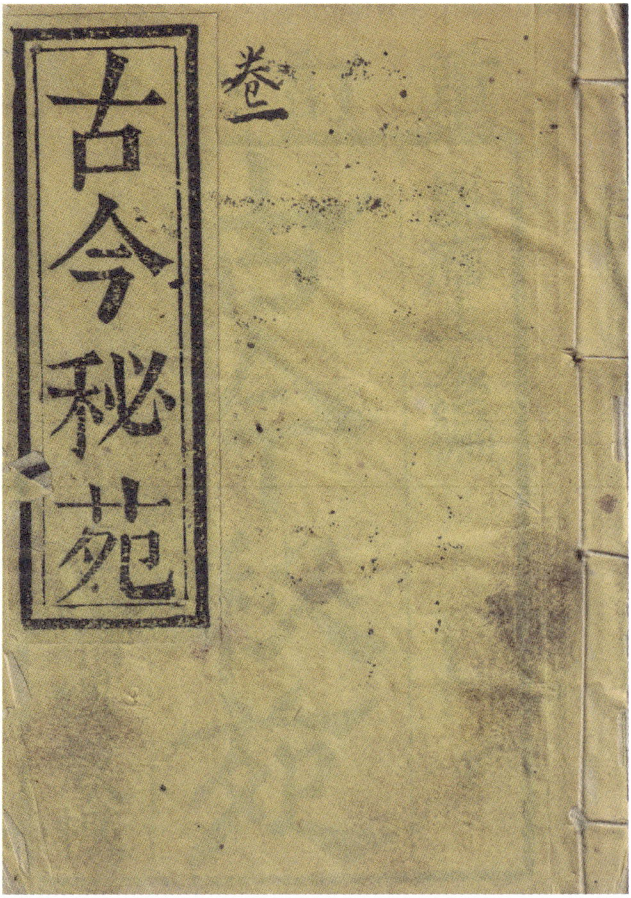

⊙古今秘苑內封面

古今秘苑卷第一

書畫

書有八法畫有六法異名同體各有師傳茲之所集非古也其道或更有出于常理之外者是不可以不知也故首錄之

古今秘苑續錄十三卷

清佚名撰

約清後期刻本

此書雖以『續錄』爲名，但並非純粹接續『磨墨主人』編《古今秘苑》，書中重復收錄相當一部分《古今秘苑》已有的内容。《販書偶記》正續編俱未見著録，頗稀見。

版框高八〇毫米，寬六二毫米。黑口。

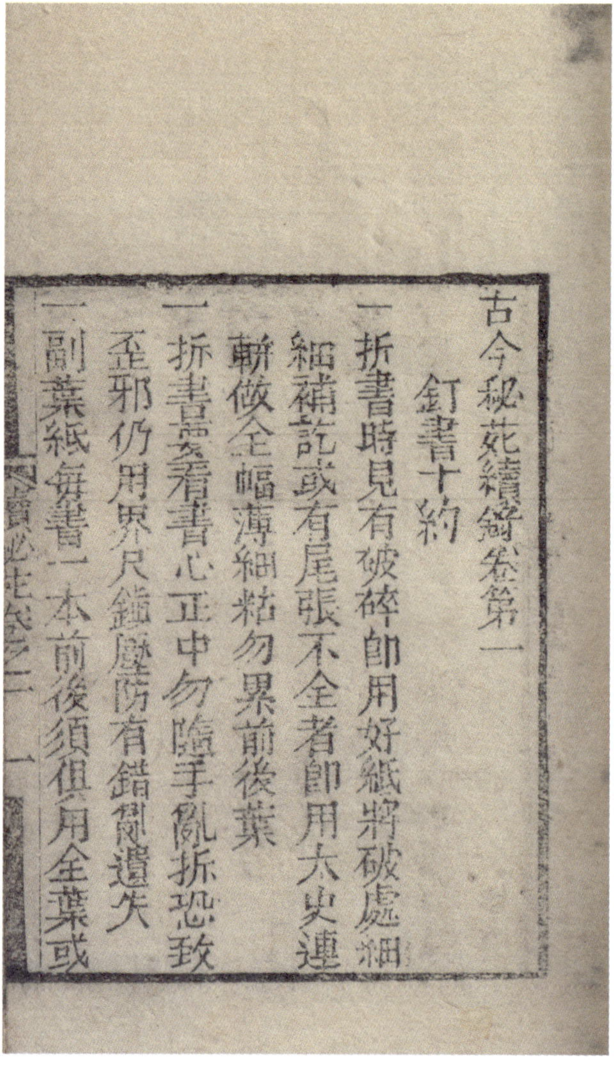

古今秘苑續錄卷第一

釘書十約

一折書時見有破碎即用好紙將破處細細補訖或有尾張不全者即用太史連軿做全幅薄細粘勿累前後葉

一拆書要看書心正中勿隨手亂拆恐致歪邪仍用界尺鎮壓防有錯亂遺失

一副葉紙每書一本前後須俱用全葉或

續秘苑卷之一　一

⊙古今秘苑續錄內文首頁

文章遊戲初編八卷

清繆艮編

光緒二年經綸堂重刻本

繆氏選録各種遊戲文章，匯編成書。舊時甚爲流行，故有續編再刻之舉。然而時過境遷之後，無人再予理會，存本日益稀少。《販書偶記》正續編俱未予著録，雖屬翻刻，今亦已難得一見。

版框高一二四毫米，寬八八毫米。黑口。

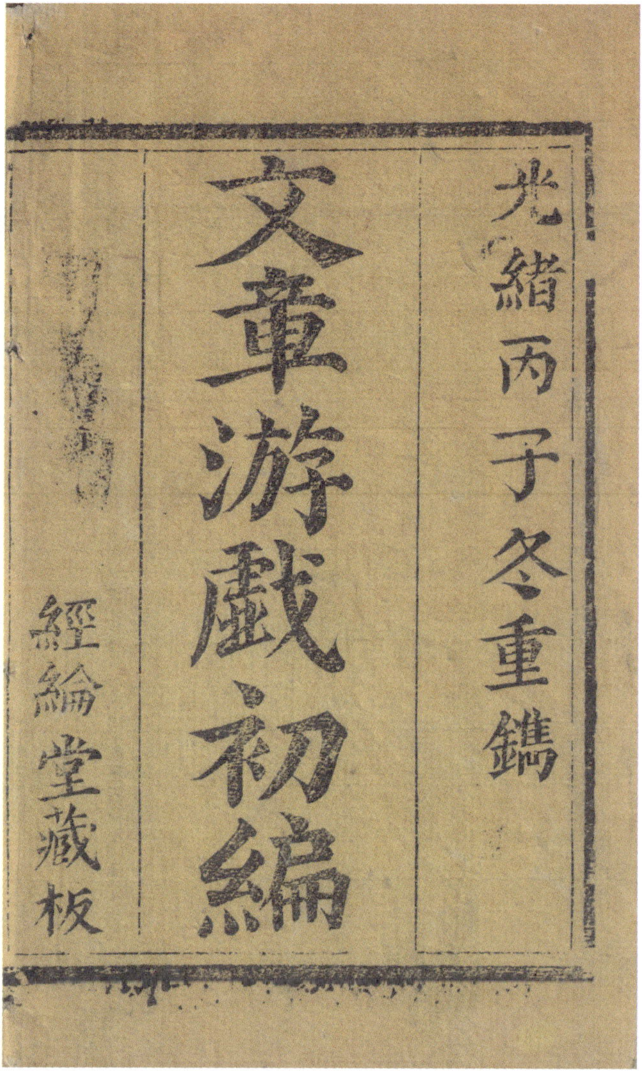
光緒丙子冬重鐫
文章游戲初編
經綸堂藏板

◎文章遊戲初編內封面

文章遊戲初編卷之一

武林 繆 艮蓮仙選

李 監秋擬校

杭城里巷名賦

高方承天白

紀武林之勝地，依鳳山以爲城。積善民風，無非助聖太平景運；莫不忠清耀文星而三元不顯，臻仁壽而百歲光榮。高冠祿養以娛親，恩承皇誥；五老鍾靈而毓秀，兆卜清平。十字箴規無假

文章遊戲初編卷之一

從此老婆曰强舉世盡都元帥也可不畏哉

繆蓮仙曰描摹殆盡

扶小娘見過橋

愛而防顛臨深之致可摹也夫過橋何足慮而茲之過者小娘也我見猶憐乎俟其顛而始扶耶今夫愛之欲其生親之恐其死世謂之有情人而非其至也情之至者竟無不順而防其變於未然行無不安而慮其危於將至此其情不

天花亂墜八卷

清鍾駿文编

光緒二十九年崇寔齋刻本

是書卷端題『永興寅半生選輯』，實則主其事者爲浙江永興人鍾駿文。書中分類編錄各種遊戲筆墨口吻的文章，俱針對現實面臨的迫切問題，意圖喚醒民衆，變革圖強。《販書偶記》正續編與《清史稿·藝文志》及其各種訂補著述等俱未予著錄，今已難得一見。

版框高一四八毫米，寬九〇毫米。下黑口。

光緒癸卯春仲開雕

天花亂墜

每部定價
大洋壹元

崇寔齋藏板

凡例

一是編仿繆蓮仙先生文章游戲體例搜集名人撰著及報章傳布之作分類編纂眞覺嬉笑怒駡皆成文章可驅睡魔可破積悶

一是編集稿不下千數百首悉心抉擇凡意義陳腐詞句晦澀者概從割愛

一是編雖係游戲之作而崇論宏議頗合主文譎諫之意視蓮仙先生所輯有過之無不及也

一歷來編纂家往往以賦爲首蓋遵昭明文選例也今

⊙天花亂墜內文首頁

天花亂墜卷一

永與寅半生選輯　男　申甫　亥生　校字

論小說之勢力　飲冰室主人

欲新一國之民不可不先新一國之小說故欲新道德必新小說欲新宗教必新小說欲新政治必新小說欲新風俗必新小說欲新學藝必新小說乃至欲新人心欲新人格必新小說何也小說有不可思議之力支配人道者四焉一曰熏熏也者如入雲煙中而爲其所烘如近墨朱處而爲其所染楞伽經所謂

傳家寶外集八種

清魏博撰

乾隆二年德輝堂刻本

先此有石成金字天基者著《傳家寶》流行於世，大略不過勸善啓蒙及修身處世之道。魏氏此書，性質與之相同，故題名如此，乃與德業堂書坊主人劉克生共同策劃。書中匯輯《修齊錄》《省克編》《勸善篇》《清涼散》《秦庭鏡》《半隱閒情》《飛觴小品》《雲山漫興》八種著述，體裁不一。印本傳世甚尠，罕見著録。

版框高一七九毫米，寬一二一毫米。白口（或未空留版心）。

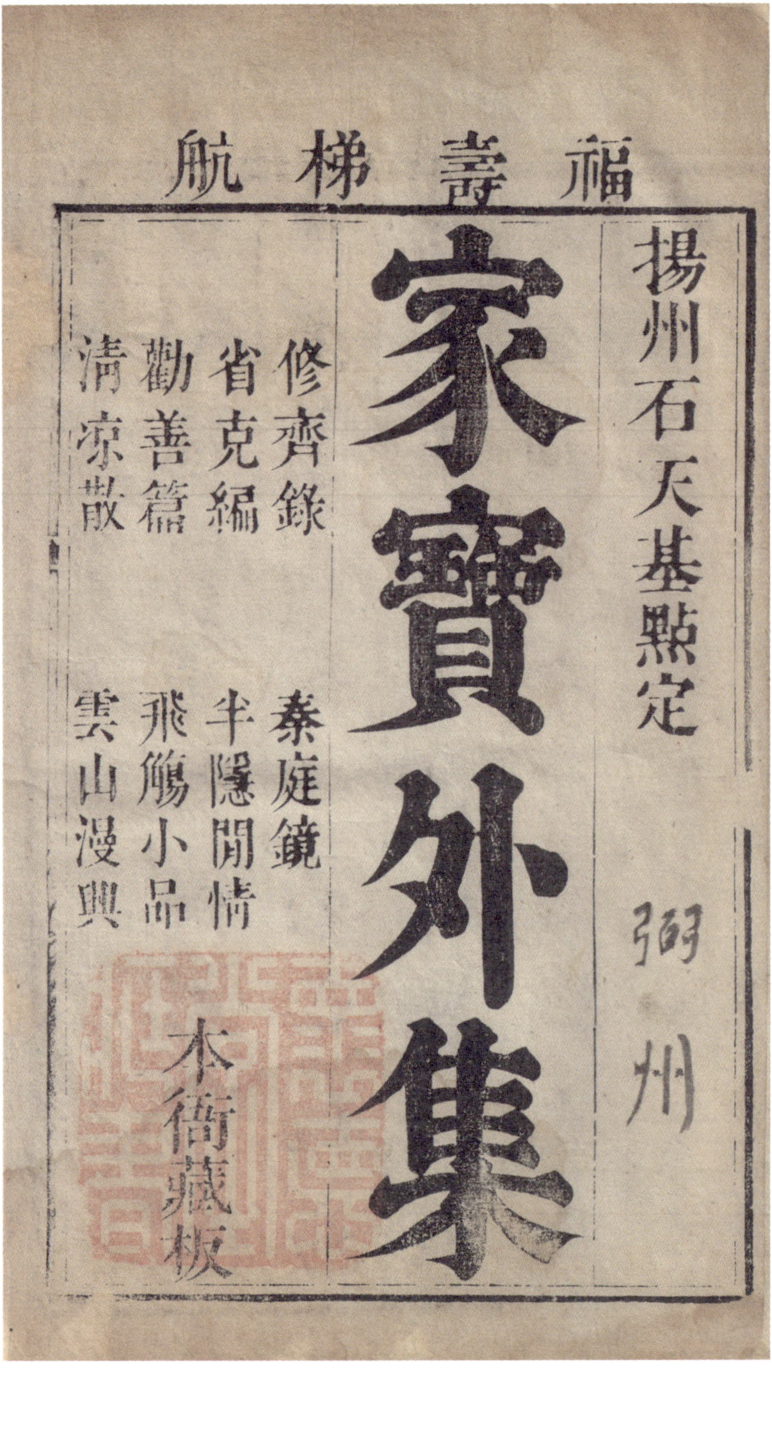

福壽梯航

揚州石天基點定

家寶外集

修齊錄　秦庭鏡

省克編　半隱閒情

勸善篇　飛觴小品

清涼散　雲山漫興

本衙藏板

所未備得什之六七盖自
爲文齋之書余則愧未逮
焉是爲叙
乾隆二年清和月廣陵石
成金天基甫題於巢雲
書屋

脩齊錄

揚州石天基鑒定　　建業魏博約之纂集

朱文公童蒙須知

夫童蒙之學始於衣服冠履次及語言步趨次及灑掃涓潔次及讀書寫文字及有雜細事宜皆所當知今逐目條列名曰童蒙須知若其脩身治心事親接物與夫窮理盡性之要自有聖賢典訓昭然可考當次第曉達茲不復詳著云

宗藩勸

天潢一派皆爲金枝玉葉之人且與國同休戚禖孫未離即錦衣玉食而位冠百僚此由天仙下降亦上帝宣以代行好生之德者也故居承平則思匡王定國外攘內安恩覃四海澤及萬靈入則周公召公出則方叔召虎更思戡亂多方招徠化導梗頑天下賴爲長城九重倚爲心膂聲可被管絃名可垂竹帛方爲治世之福星矣倘或征伐則宣淫殺刼以示威而

勸善篇

揚州石天基鑒定　建業魏博約之氏删輯

是書乃蛟川虞二球先生四十八願文也，博愛之重之，如獲《論衡》，遂爲張本，删訂而增廣之，得五十三條，復證以功之衛生，因名曰勸善篇。貫余所纂省克編《脩齊錄》、秦廷鏡、清凉散之首條目井然，尤簡易而便覽也。若云中郎秘之，則吾豈敢？乃公諸世，惟願天下人人行之，户户傳之，以爲萬世勸。謹陳其目如左。

南菁札記十四種二十一卷

清溥良輯

光緒二十年江陰使署刻本

溥良在江蘇學政任上匯輯南菁講舍諸生課業，得《爾雅稗疏》《前漢紀校釋》《後漢紀校釋》《讀四元玉鑑記》《讀代數術記》《盈朒演代》《代數盈朒細草》及輯本《古文官書》《倉頡篇補本續》《纂要》《桂苑珠叢》並補遺《括地志》《兩京新記》一併刻之。書非稀見，以有《兩京新記》等專業特需書而儲之。

版框高一六七毫米，寬一二四毫米。白口。

南菁札記

光緒甲午仲秋
江陰使署開彫

爾雅稗疏卷一

江陰繆楷嘯仙述

釋詁

林烝君也郭云詩曰有壬有林又曰文王烝哉楷案下文自天帝以下列字俱有次第天帝上冠以林烝二字甚覺不倫竊疑二字本在大也節錯亂在此詩賓之初筵有壬有林文王有聲文王烝哉毛傳於林烝並訓君則所見爾雅已誤蓋夏五郭公之闕已亥三豕之訛攷訂自昔已難不得謂毛公之所據盡得其實也王引之爾雅述聞乃徒知責傳說之誤解而不知此文之錯亂何所見之偏哉林

麈談拾雅十種

清佚名輯

同治八年藏修書屋刻本

含《小易》《筆花軒》《錢本草》《元寶公案》《酒鑒》《游戲三昧》《粥飯緣》《憨子》《江花品藻》《妬律》十種短篇著述，全書僅一巾箱小冊，皆遊戲筆墨。書口下鐫『藏修書屋』。刊刻時代雖近，卻甚罕見。

版框高一二〇毫米，寬九四毫米。黑口。

⊙ 麈談拾雅內封面

倌主人題於芊戚寓齋

麈談拾雅目錄　一

小舄

筆卷軒

錢本草

元寶公案

⊙塵談拾雅內文首頁

小易

忍卦

郤桂子 卦下問

忍亨初難終吉利君子貞不利小丈夫

彖曰忍剛堅乎內柔制乎外故亨初若艱難乃終有吉惟君子爲能動心忍性不利小丈夫其中淺也

象曰忍在心上忍君子以含容成德

初六小不忍則亂大謀

象曰小不克忍必成大亂也

九二必有忍其乃有濟

事類賦 三十卷

宋吴淑撰並注

乾隆二十九年劍光閣刻本

此本乃據明嘉靖華麟祥刻本翻刻，是清代最早刻本。傅增湘《藏園訂補郘亭知見傳本書目》等記作『華氏劍光閣刊本』，誤。

版框高一七九毫米，寬一三四毫米。白口。

劍光閣

增廣事類賦

乾隆甲申新鐫

重訂事類賦

劍光閣藏板

事類賦卷第一

宋博士渤海吳　淑撰註

明後學無錫華麟祥校刊

天部　天　日　月

天

太初之始元黃混并（列子）太初者氣之始也（陳思王魏德論）在昔太初元黃混并及一氣之肇判生有形於無形（潘岳西征賦）化一氣而甄三才（列子）有形者生於無形於是地居下而陰濁天在上而輕清（易乾鑿度）輕清者上為天重濁者下為地斯蓋羣陽之精（春秋說題辭）天羣陽之精合為太一分為殊名積氣而成（列子）天積氣爾日月星辰亦氣之光耀者也溟洞蒼莽不可為象（淮南子）未有天地之時鴻濛溟洞莫知其門蒼莽詳下齊公仰觀注（張衡靈憲賦）太素之前幽寞冥

⊙ 事類賦內文首頁

新刻增補翰苑英華事類捷錄十五卷

明鄧志謨撰

清初崇德堂刻本

此書出現於萬曆時期，有多種明刻本存世，觀書名可知乃書坊爲士子應試而編。此等書籍類皆日漸增多衍繁，不斷變化花樣。故此清初重刻之本，仍有特別價值；尤其是對科舉史和社會史研究，每種刻本都具有獨一無二的意義。上下兩節版，書口下鎸『崇德堂』書坊名號。

版框高二〇四毫米，寬一二六毫米。白口。

新刻增補翰苑英華事類捷録卷之一

饒安 鄧志謨百拙甫 著

婁東 張溥天如甫 較

古吳 項煜仲昭甫 訂

吳郡 陸壽名處實甫

孟亮揆端士甫 參閱

天文部　天 日 月 星 風 雲 雷

雨 露 霜 雪 未總諸類

粤自太極肇分兩儀定位（天）也得一以清高焉明焉乃

（域中最大）老子云域中四大謂天大地大道大王亦大也

域中稱最大者豈區區之管[illegible]

（得一以清）老子云天得一以清地得一以寧神得一以靈谷得一以盈侯王得一以[illegible]

野[illegible]

小知録十二卷

清陸鳳藻撰

嘉慶九年陸氏羣玉山房原刻本

卷首有錢大昕序，乃由『記誦之學』着眼，此書性質可知。惟作者關注事項與取材範圍均與普通類書頗有出入，足資參閲。書口下方鎸『羣玉山房』，應即陸氏齋號。《販書偶記》著録此書，僅有同治癸酉淮南書局重刻本，因知此原刻本存世無多，今已難得一見。

版框高一三七毫米，寬九四毫米。白口。

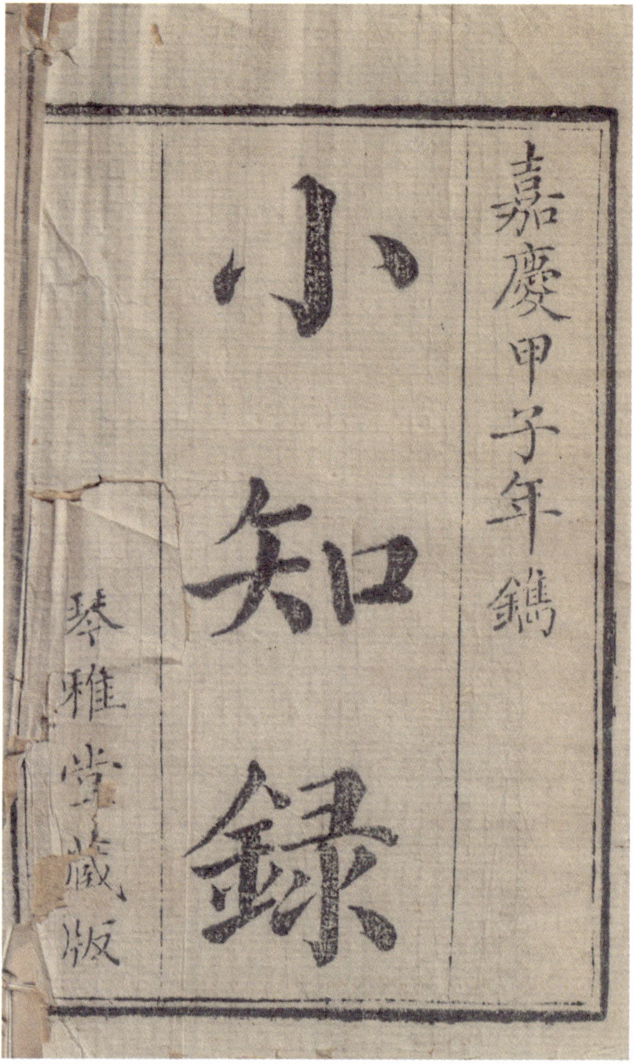

嘉慶甲子年鐫

小知錄

琴雅堂藏版

⊙小知錄內封面

手彙成一編出以示予嘉其汲古之癖與予臭味相佀而著述在盛年排纂有法證據該洽此書出將見有奉爲杭中秘者惜予衰病廢學不能相於商榷諟我所未逮也嘉慶甲子七月朔竹汀居士錢大昕書

小知錄卷一

吳門陸鳳藻丹扆輯

乾緯

泰鴻　天也。或曰紫落。崔寔賢詩。丙鐸經。周髀。黃乾。東漢書

撐犂　匈奴呼天。赤曰祁連。西域曰提婆。元曰統格落。記天中日本

曰唆剌。琉球曰向尼古。城曰剌儀。三佛齊曰普剌。八紘譯史

三十六天　自玄都玉京已下在三界內曰黃曾天。玉完天。何童

天。平育天。文舉天。七曜摩夷天。欲界六天為虛無越衡天。蒙翳天。和陽天。恭

華天。宗飄天。黃笳天。堂曜天。竭靖天。恭慶天。極瑤天。元載孔昇天。

皇崖天。極風天。孝芒天。翁仲浮容天。江由天。阮樂天。曇誓天。十八天爲

小知錄內文首頁

巧對録 八卷

清梁章鉅撰

道光二十九年甌城文華堂原刻本

此書内容乃集録古今種種巧對，觀書名而顧名思義可知。書雖略有破損，然刷印尚早，可資賞玩。

版框高一七六毫米，寬一二二毫米。下黑口。

巧對錄卷之一

福州梁章鉅輯

紀文達師曰昔宋人四六喜綴成句然一篇之內不過數聯而已宋人詩話又喜舉巧對如帶眼琴心殺青生白之類一集之內亦不過數聯而已至於累牘連篇集為巨帙抽黃對白巧若天成合璧分璋詞如已出未有若我
朝康熙中之
御定分類字錦六十四卷採擫成語分類編成剪裁皆得其菁華配隸務權其銖兩無一字一句之不工後有作者

聯經四卷

清李學禮撰

乾隆四十三年刻本

此書摘録經書中的詞語（也包含少量其他早期典籍），拼湊組合成上下大體相對應的兩組語句，或成完好偶句，或類似聯語。既有助於八股制藝與試帖詩寫作，也可以作爲讀書的消遣。《販書偶記》正續編俱未著録此書，甚稀見。

版框高一七八毫米，寬一三六毫米。白口。

聯經卷之一　任邱李學禮謙堂甫述

不受朝廷不甚愛惜之官　不受鄉黨無足重輕之譽　並京江不患無位章題文

此書例不錄成文警句因此二語乃中庭趁蝶時夙所耳熟于膝下者爾時未見經書之面亦竝不知八股爲何物也因錄以弁此卷之首拔京江爲　本朝太平良相參贊樞密潤色昇平家乘史宬朝野僉載余故嘗論詩文雖雕蟲小技而其人之妖壽窮通賢佞貞淫無不和盤托出文以載道而言以聲心非細故也愛吾廬評素存先生文曰當其物色經生已識太平宰相非徒後進推尊前輩之辭抑其端委廟堂表率百僚氣象實足令人敬之愛之親炙私淑無不開卷而見聞其笑貌聲音云爾二三子勝衣授書操觚染翰縱非性安亦當復執才性遲速文體疎密與生俱來原非可強從同同但郊寒島瘦一派偶得佳句亦當腹稿即刪勿令偶犯腕下此即知之成功殊塗同歸之說也抑又非將軍有宇宙之號六合賦伏而無娬媚之謂雪中和羹百花頭上自是咏梅佳句而狀元宰相安排已定何必自應月滿星孤之奇讖耶元亭酒後三尺雪深緒論及之此亦了凡立命之一端也願與二三子共勉之

明新必止于至善　右經一章　**悅樂勿慍于不知**　學而一

尺牘輯要八卷

清虞世英撰

乾隆四十九年蘇州文粹堂刻本

此書乃分類指點尺牘常用套路、格式，舊時雖通行世間，然不爲文人學士所重，今已難得一見，《販書偶記》正續編俱未見著録。

版框高一八四毫米，寬一二八毫米。白口。

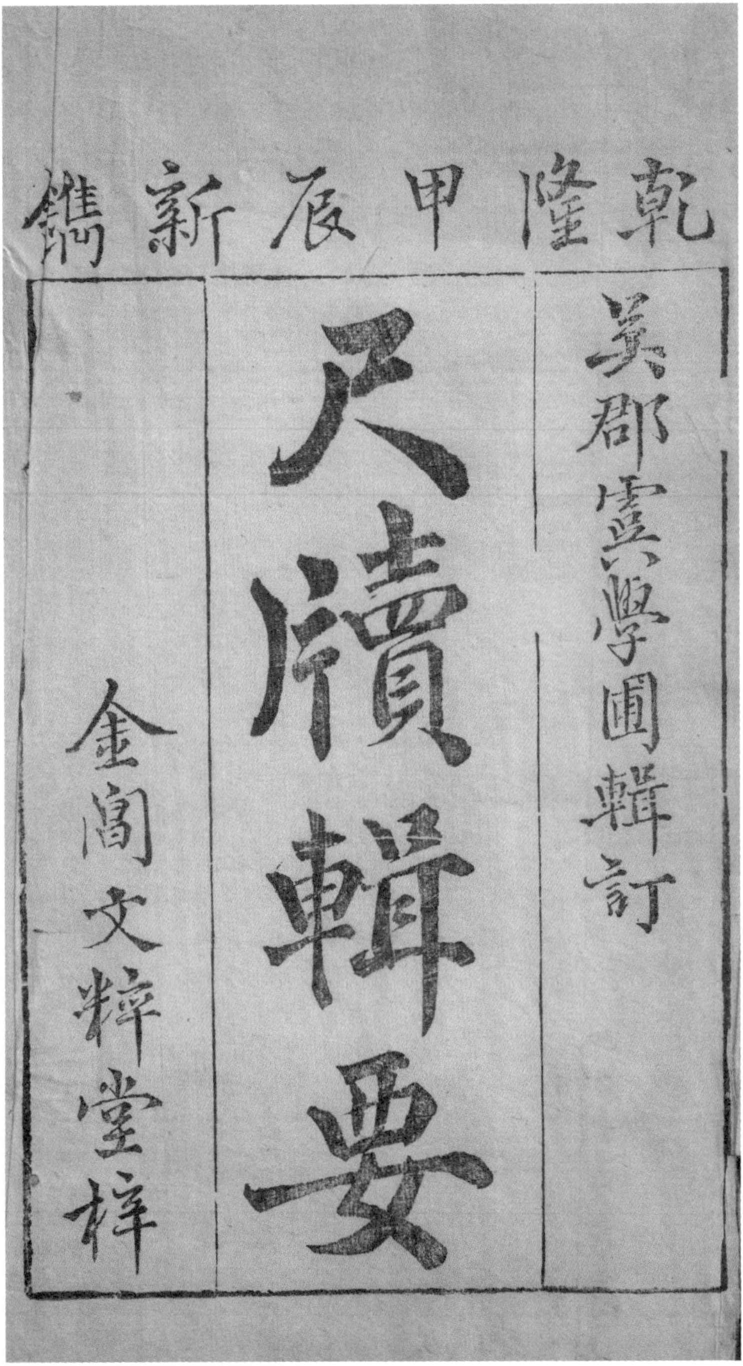

乾隆甲辰新鐫

吳郡雲學圃輯訂

尺牘輯要

金閶文粹堂梓

⊙尺牘輯要內封面

尺牘輯要卷之一

吳門虞世英學圃輯

時俗啟法

古今名啟中詞意各有不同敘其情景事物隨心變動固無一定之法也而近時作啟札者惟以直捷痛快為之應酬而已如詞句驚豔之歌什無二三游子六云嘗閱古今名啟亦無一定之章法語句均有突然而起者或有先敘景而再敘遊覽故作札語句無一定之律如其幼候觀巨氏寄來裝詞乃盡言求書豈用麗語哉凡作啟敘別景事物人懷之必得情理相當要明

與外伯叔祖

外叔伯祖大人台座

外甥孫姓名頓首拜

答

某字賢外甥孫執事

眷生姓名頓首拜

甥與母舅

母舅大人尊前

甥男姓名頓首百拜

答

某字賢甥執事

愚母舅姓名頓首拜

母之母舅

舅祖老大人侍下

甥孫姓名頓首拜

答

某字賢甥先生文几

愚舅祖姓名頓首拜

分類緘腋四卷

清涂謙撰

嘉慶二十五年刻本

此書乃分類指點尺牘常用套路、格式，《販書偶記》正續編俱未著錄，稀見。

版框高一二九毫米，寬九四毫米。白口。

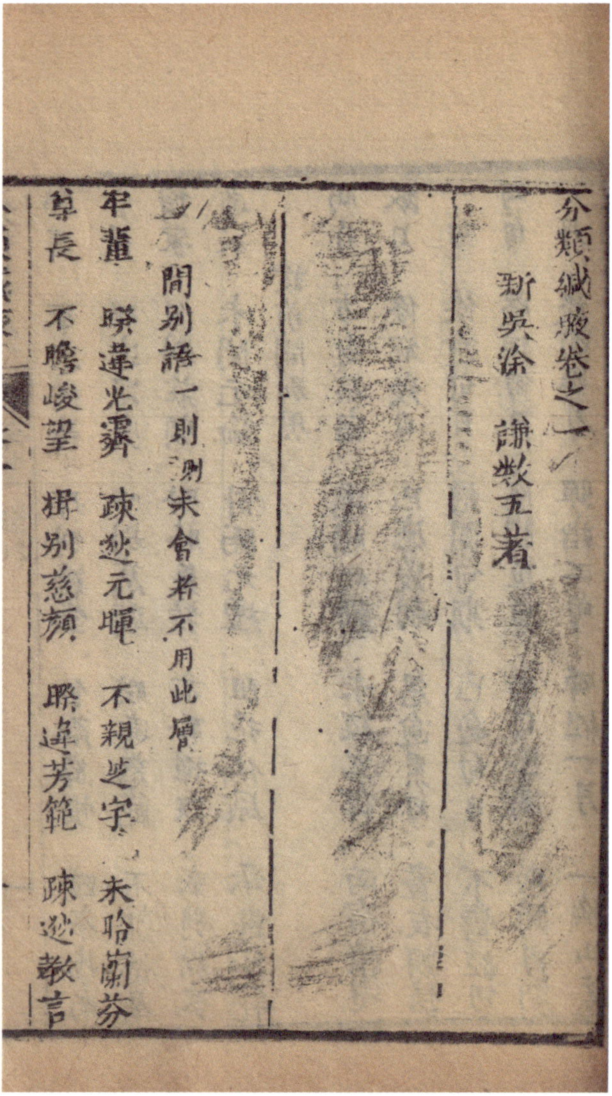
分類絨腋卷之一

新吳涂　謙敉五著

間別語一則　別未會者不用此層

乍覿　睽違光霽　疎逖元暉　不親芝宇　未晤蘭芬

暫長　不瞻峻望　拱別慈顏　睽違芳範　疎逖教言

⊙ 分類絨腋內文首頁

奏摺譜 一卷

清饒句宣撰

光緒十三年京師饒氏刻本

作者久司文案，專繕奏摺，諳熟各種格式套路，因歸納概括，撰爲此書，給他人提供準則，以免舛錯之愆。此書刊刻未久，清朝即告覆亡，使其失去應用價值，無人再予理睬，且戔戔小册，極易毀失，故傳本甚爲稀少，以至《販書偶記》正續編俱未見著録。目録後鐫『男士騰/超校刊，板存京都』。

版框高一一九毫米，寬八七毫米。白口。

◎ 奏摺譜內封面

條款繁雜體制謹嚴
細心校訂尤恐遺漏

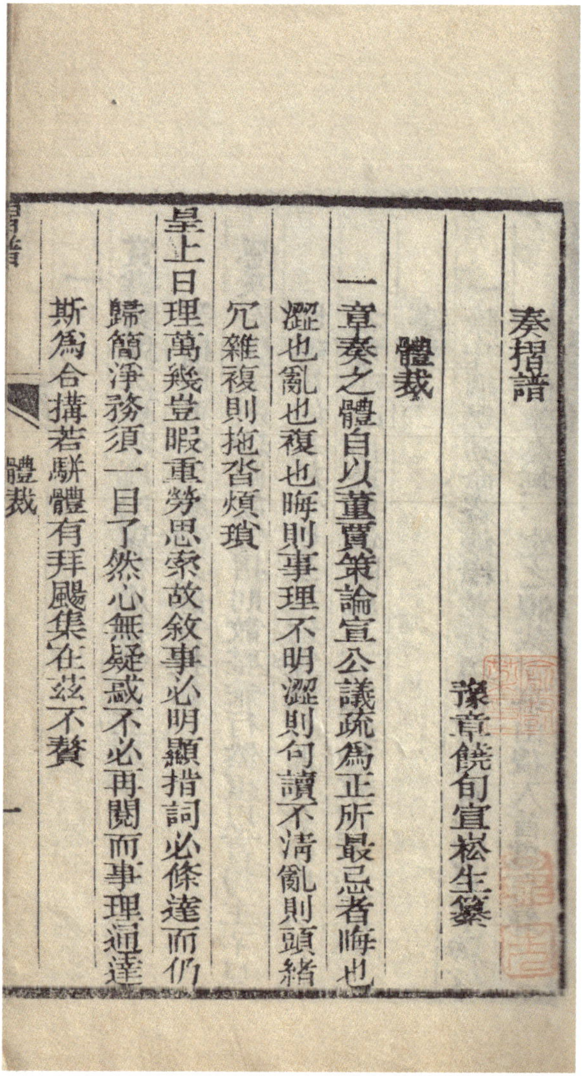
奏摺譜

豫章饒旬宣崧生纂

體裁

一章奏之體自以董賈策論宣公議疏爲正所最忌者晦也
澀也亂也複也晦則事理不明澀則句讀不淸亂則頭緒
冗雜複則拖沓煩瑣
皇上日理萬幾豈暇重勞思索故敘事必明顯措詞必條達而仍
歸簡淨務須一目了然心無疑惑不必再閱而事理通達
斯爲合搆若駢體有拜颺集在茲不贅

奏摺譜　體裁　一

⊙ 奏摺譜內文首頁

柳崖外編 八卷

清徐昆撰

乾隆五十八年山西祁縣書業堂刻本

是書雜記奇聞逸事，刊刻年代尚早，今亦值得收藏。

版框高一二五毫米，寬九四毫米。白口。

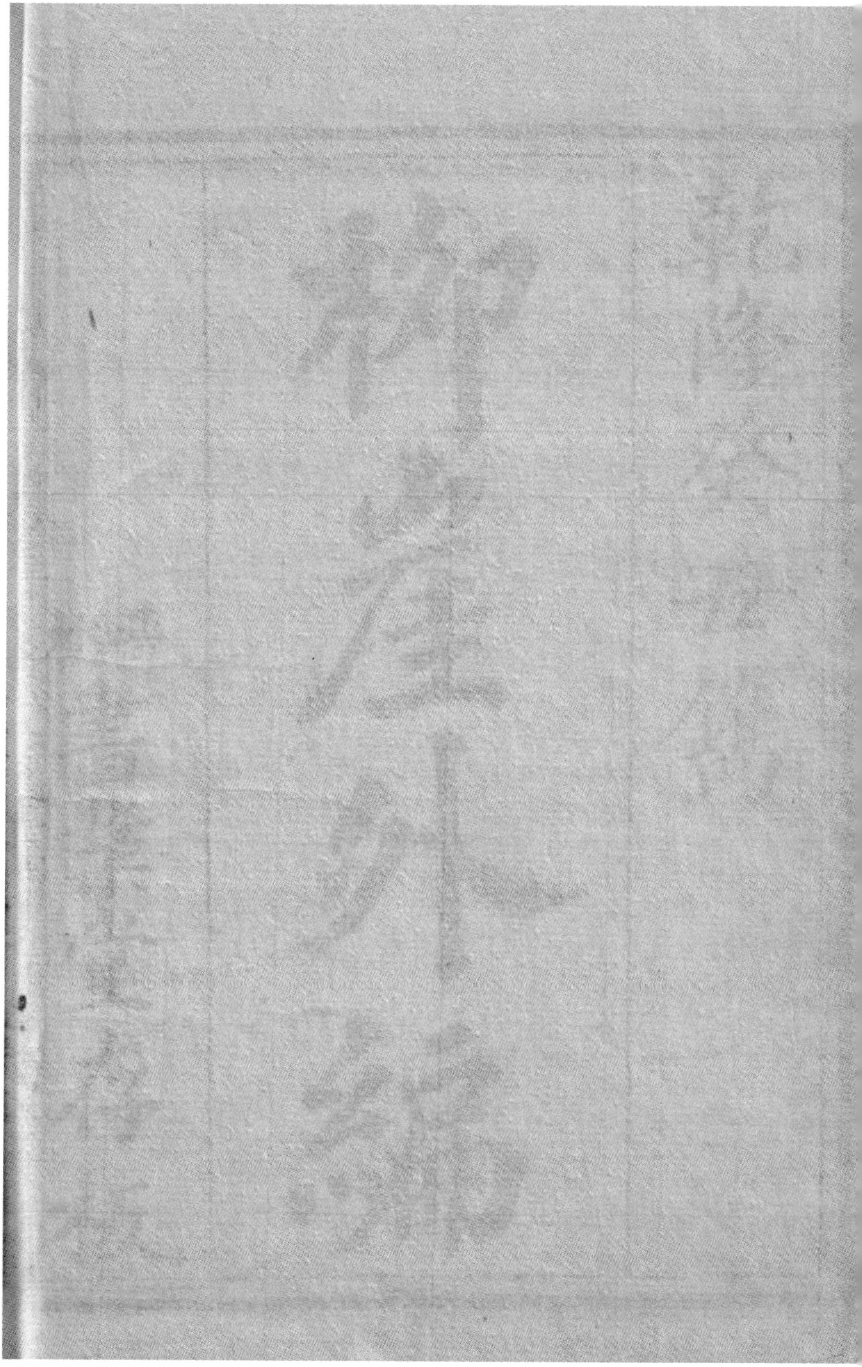

◎ 柳崖外編內封面

柳崖外編卷一

目録

柳崖外編卷一

平陽徐　昆后山撰

聊攝任　鄧佑禮齋
　　　　蘭佑禮巖

王再來

王呂識字再來榆次人世業儒自其父以讀書故貧無立錐地父歿弱弟二方數齡仲習書季錫蕃再來執二弟手請於母曰今欲農無田欲賈無資不稼不賈惟擾世俗塲中免凍餓不可得也忍凍餓向詩書

第九才子書斬鬼傳四卷

題『陽直樵雲山人編次』

清中後期山西祁縣書業德書坊刻本　近人常鳳玄批注

據徐昆《柳崖外編》及現代學者考證，『樵雲山人』係康雍間太原人劉璋。批注者常鳳玄爲當代藏學家，乃父贊春則晚近山西著名學人。此本罕見，開本行款等均與當前學界普遍認定的莞爾堂初刻本相同，而書業德書坊與本書作者同在晉地，故此本在《斬鬼傳》版本體系中的地位值得深入探討，或爲原初刻本亦未可知。

版框高一三三毫米，寬九三毫米。白口。

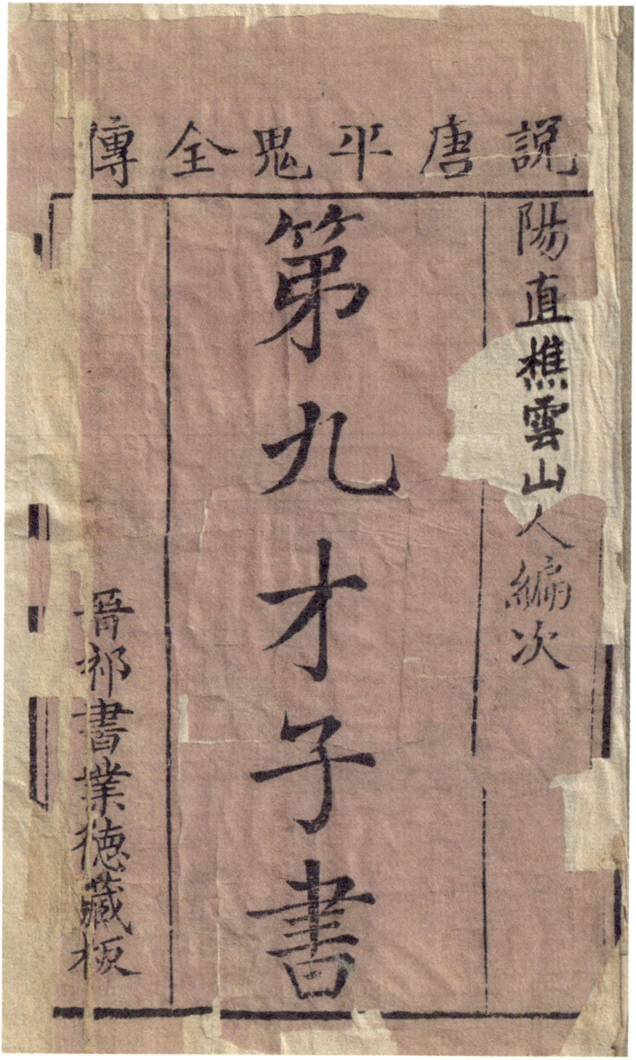

説唐平鬼全傳

陽直樵雲山人編次

第九才子書

晉祁書業德藏板

斬鬼傳內封面

第九才子書斬鬼傳目錄

陽直樵雲山人編次

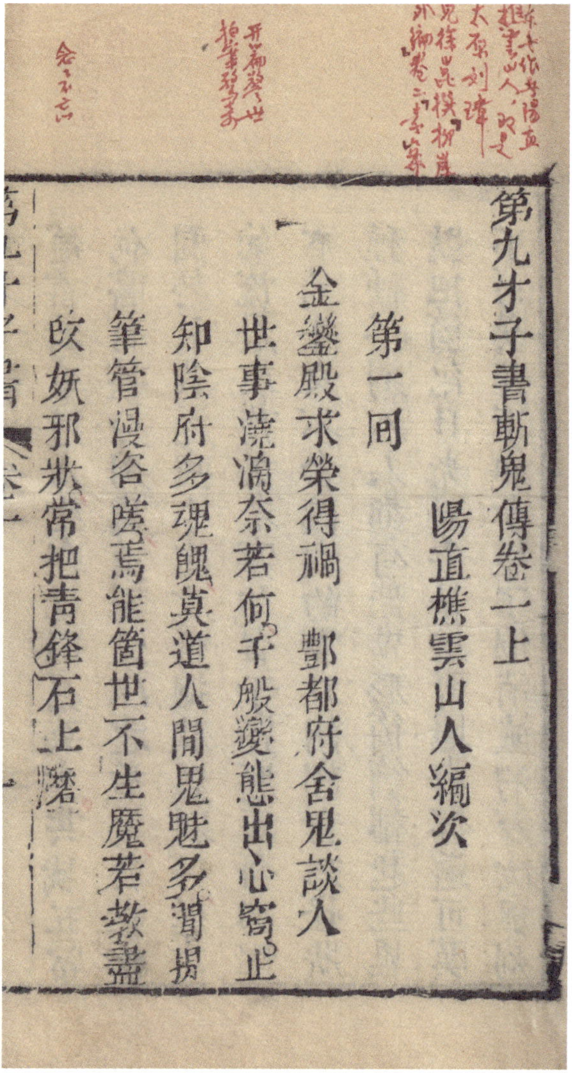
第九才子書斬鬼傳卷一上

陽直樵雲山人編次

第一回

金鑾殿求榮得禍　酆都府舍鬼談人

世事澆漓奈若何千般變態出心窩止知陰府多魂魄莫道人間鬼魅多謂捐筆管漫吞嗟焉能箇世不生魔若教盡咬妖邪狀常把青鋒石上磨

斬鬼傳內文首頁

俗話傾談初集二卷

清邵彬儒撰

清末佛山福祿里刊本

本書作者題『博陵紀棠氏評輯』，『紀棠』乃廣東四會人邵彬儒字，『博陵』則爲邵氏郡望。書中攙雜廣東方言詞語講述勸善懲惡的短篇故事，約始刻於同治年間。此本爲該書二集出版後之翻刻本，合原書四卷爲上、下兩卷，但目錄仍存四卷之貌。雖非初刻原本，但可見當日流行狀況。

版框高一二二毫米，寬九八毫米。白口。

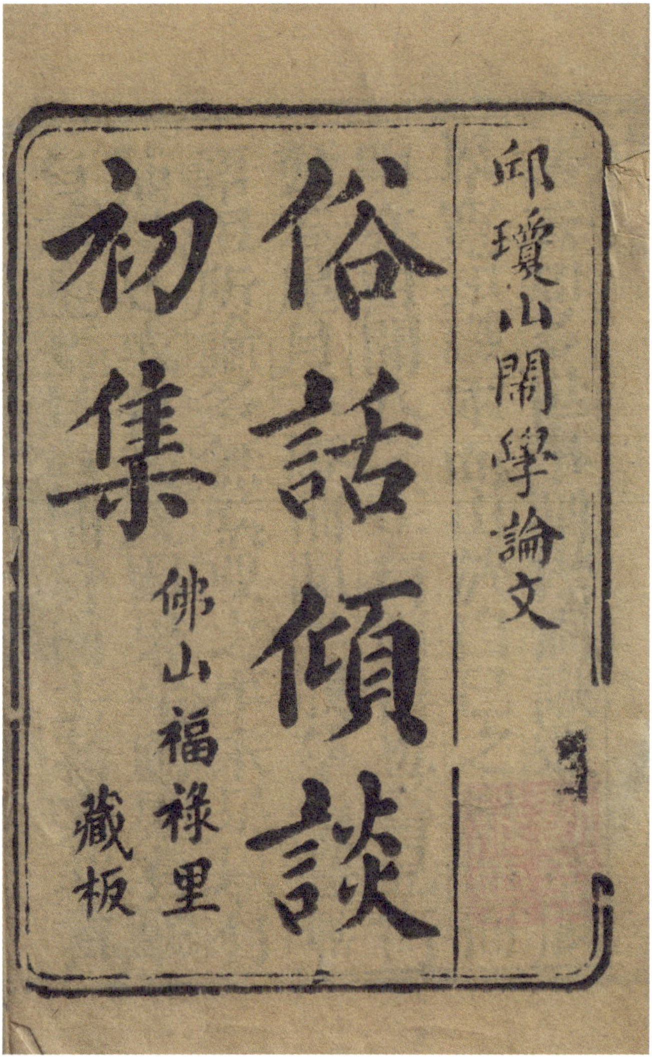

邱瓊山開學論文

俗話傾談初集

佛山福祿里藏板

俗話傾談目錄

俗話傾談卷上

博陵紀棠氏評輯

橫狡柴

康熙間四川省重慶府有一個舉人姓安名維屺為人和平無甚過處生二子長名大成次名二成大成之性生來孝友二成之性一片愚頑兩兄弟同胞不同性安維程年四十餘一病身故剩下二子田園可以足用不至飢寒大成之母沈氏稟性極偏不循道理隨意所發以執拗為能此等賤婦不是家庭之福鄉里婦女多鄙薄之

一乘決疑論 一卷

清彭際清撰

同治八年如皋刻經處刻本　晚近佚名批

作者彭氏係乾隆年間佛教淨土宗居士，佛學著述頗豐。此本天頭多有駁難彭氏批語，審其語氣，似爲民國時人，惟究竟何人所批，尚待考證。

版框高一六一毫米，寬一二三毫米。黑口。

欲解異宗之惑，當以情量所及解之，言至情量以外，則非立敵共許矣，此熊氏不解因明之病。

自胡敬齋以下，許其持身無恥可也，其學術本不足論，明儒昏庸至此，此由沙門以無言，陽明所以指擊也，由今觀之，即塾師耳。

一乘決疑論

知歸學人彭際清述

予初習儒書。執泥文字。效昌黎韓氏語。妄著論排佛。然實未知佛之爲佛。果何如者也。已而究生死之說。瞿然有省。始知回向心地。從宋明諸先輩論學書。窺尋端緒。稍稍識孔顏學脈。而于明道象山陽明梁谿四先生。尤服膺弗失。以四先生深造之旨。證之佛氏。往往而合。然四先生中。獨陽明王氏無顯然排佛語。而明道象山梁谿所論著。入主出奴。時或不免。豈世出世閒。其爲道固不可得而同與。抑法海無邊。罕能

⊙ 一乘決疑論內文首頁

滅者也。如日月然。今日之日。卽前日之日。今月之月。卽前月之月。如可得而散滅。則天地之化或幾乎息矣。且不獨人爾。飛走之羣。蠢動之族。莫不柄靈以生。旣柄靈以生。卽皆不可得而散滅者也。然則善惡之報。升沈之果。其理自然。又何疑焉。

程子論佛戒殺生之說曰。儒者有兩說。一說天生禽獸本爲人食。此說不是。豈有人爲蟣蝨而生邪。一說禽獸待人而生。殺之則不仁。此說亦不然。大抵力能勝之者皆可食。但君子有不忍之心爾。先兒嘗見一蝎。不忍殺。放去。頌中二句曰。殺之則傷仁。放之則害

功過格日記 一卷

清釋法化撰

同治九年原刻本

作者爲清後期浙江天台山阿育王寺僧人。此書雖以『功過格』爲名，實際猶如作者文集，衹是首篇《功過格貪瞋癡詩註》佔據全書絕大部分比重，惟此篇亦非常見功過格形式。時代雖近，印本卻不多見。

版框高一九一毫米，寬一二九毫米。白口。

法化老和尚貪瞋癡註

貪

一點圓明纔失照圓者無缺明者無暗圓明者洞徹而極朗也圓明妙道空劫先理無相有覺虛明寂照爲天地之根降本流末爲萬道之祖返本還元爲一法之宗道之不見其首伺之不聞其後不可以智知不可以相覩唯證聖者自內所證而知也所以寒山子云吾心似秋月碧潭光皓潔無物可比論叫我如何說即當人性覺妙明本覺明妙清淨本然虛靈獨露一點者強名也本來真性寂照體空了無形相宛若太虛夫太虛圓明之道不動心性之學菩薩得此鑑機平等施一雨普潤三根行六度均援萬類孔子得此周流列國處繁端而不亂履險徑而常安老子得此萬境清虛若谷神之安靜似幻雲之卷舒故知大道圓明不離涉世空花佛事水月道場析栴檀片片皆香截瓊枝寸寸是寶法華經云是法住法位世間相常住孔子無道與易佛誓願度眾生老子玄牝化世而三尼之妙用總屬圓明性

金丹大要三卷

元陳致虛撰

清嘉慶刻《道藏輯要》試印校樣本

存卷上一卷

清嘉慶年間於北京初刻《道藏輯要》，《金丹大要》列置其中。此本係書版初成之際所印樣張，以供校對，故邊框多尚未剗削，下書口鐫記二十八宿編號處亦留墨板，以待編定後填刻。此本爲《道藏輯要》初刻於嘉慶年間有力實物證據——證明並不存在其編刻於康熙年間的可能，在道教文獻版刻史上具有重要文物價值。

版框高二一九毫米，寬一四九毫米。白口。

道藏輯要

金丹大要上

上陽子陳致虛著

金丹大要總旨

上陽子曰金丹之道黃帝修之而登雲天老君修之而為道祖巢由高蹈籛鏗長年爾來迄今歷數何限求於冊者當以陰符道德為祖金碧參同次之自河上公五傳而至伯陽真人祖天師而得伯陽之旨丹成道備降魔流教葛仙翁濟幽旌陽斬蛟是皆逢時匡世救劫斯乃真仙之餘事耳華陽玄甫雲房洞賓授受以來深山妙窟代不乏人其間道成而隱但為身謀不肯

道

所

隱

字

師密授

妄談意會問他已上數書則懡㦬其說直也不了橫也不知縱
能直知逆又不了此處有着落便試過了也且得人最難純陽
海蟾重陽諸祖特愍世人聞道者少難證帝位立誓度人故出
没變化往來塵世必其可者度之是以金丹之[illegible]△神仙能授與
人而不能必其成却能知其必成之人是以度之必成之人耳
口自别何哉大智慧的口求之而心愈低下耳聽之而思所△以
行上陽子曰予昔未聞擬若得之要與世人盡諳此道不相瞞
急△及既得聞審思密視果無其人堪傳此道者純陽翁云茫茫
[illegible]宙人無數幾箇男兒是丈夫俗眼看來丈夫而非男兒乎蒙
[illegible]吾乃今而後知真仙聖師之意豈不欲人人領悟箇箇

金丹大要　五

學而知之者次也困而學之又其次也困而不學斯為下矣釋迦文佛聞半偈而欲捨其身黄帝順下風膝行而進問廣成子治身奈何而可以長久夫古之大聖亦奚有不學而能知大道者乎今時人也而多妄誕不肯下問何時得聞斯道也哉上陽子曰道有立談道有心授君臣也父子也夫婦也兄弟也朋友也是綱常之道也此可立談而非心授也所言心授者天命之謂性率性之謂道此可以心授而不可以立談也率性之道即孔子一貫者也即孟子集義所生者也夫綱常之道雖童稚亦可訓之彼有國有邦者置所司以掌其綱常之道萬世不易者也至如率性集義之道前賢△疏略不及焉若賢人君子遇聖

御註太上感應篇 一卷

清世祖愛新覺羅福臨注

順治十二年内府刻本

談遷《北遊録》記載，順治十一年冬，駕駐南海子，大學士馮銓導之著述，於是有《御製資政要覽》等書相繼頒行，此《御註太上感應篇》亦爲其中之一。福臨序文稱其注釋此書，『要使臣民，曉然於遵道遵路，馴致嘉祥。善氣迎而和風應，庶共臻於平治』。此本仿古包背裝，頗雅緻。

版框高一九六毫米，寬一三五毫米。白口。

御註太上感應篇

御註太上感應篇序

朕惟維皇降衷。恒性皆善。好是

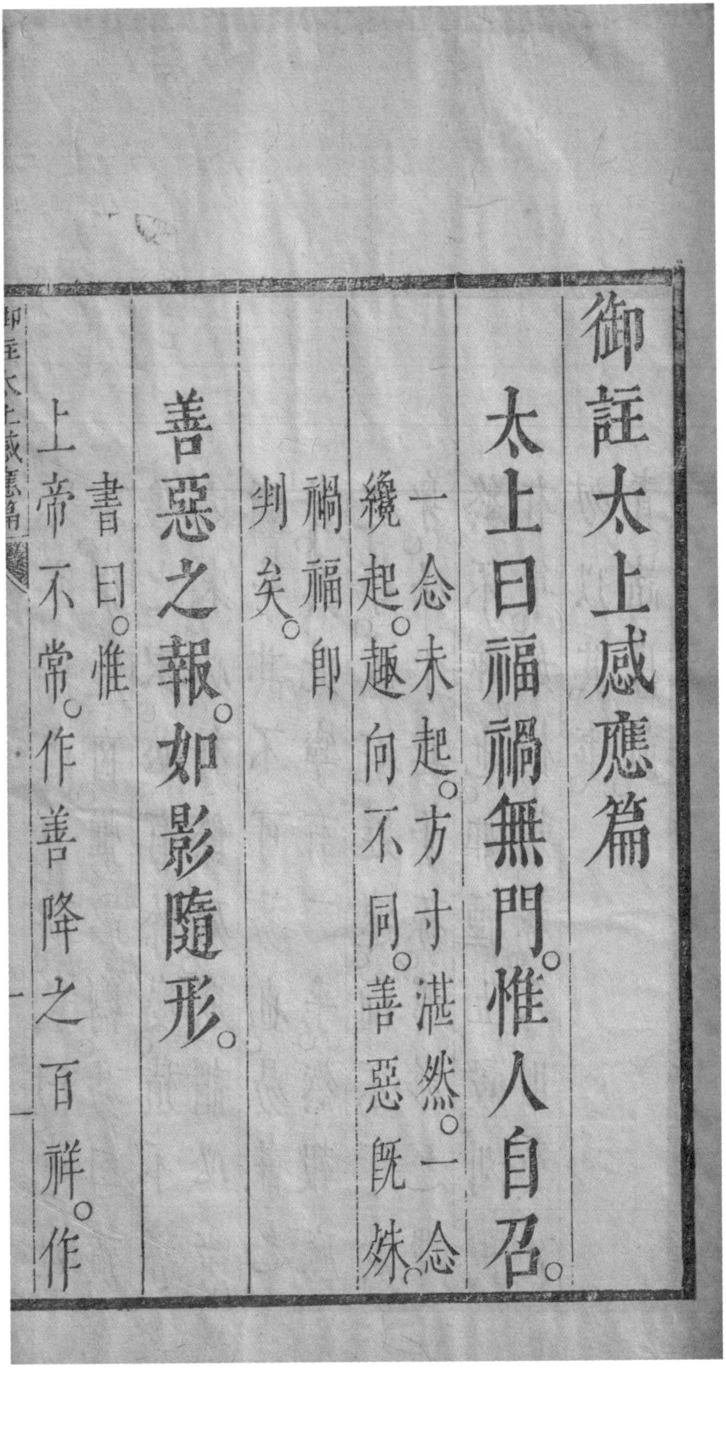
御註太上感應篇
太上曰。禍福無門。惟人自召。
一念未起。方寸湛然。一念纔起。趣向不同。善惡既殊。禍福即判矣。
善惡之報。如影隨形。
書曰。惟上帝不常。作善降之百祥。作
御注太上感應篇 一

⊙御注太上感應篇內文首頁

雷文仙音 一卷

清唐清秘撰

康熙十六年天津刻本

首題『九天應元雷聲普化天尊玉樞寶經』，『紫清白玉蟾真仙註解』，末題『嗣全真教龍門派玄玄孫弟子唐清秘薰沐叩書，弟子王理聰薰錄』。

此本雖字體不甚精整，且略有蟲蛀，然而對研究清初道教及民間信仰，資料價值頗高；又為開化紙初印，黃綾書衣，今已難得一見，足以珍重儲之。

版框高一九九毫米，寬一三九毫米。白口。

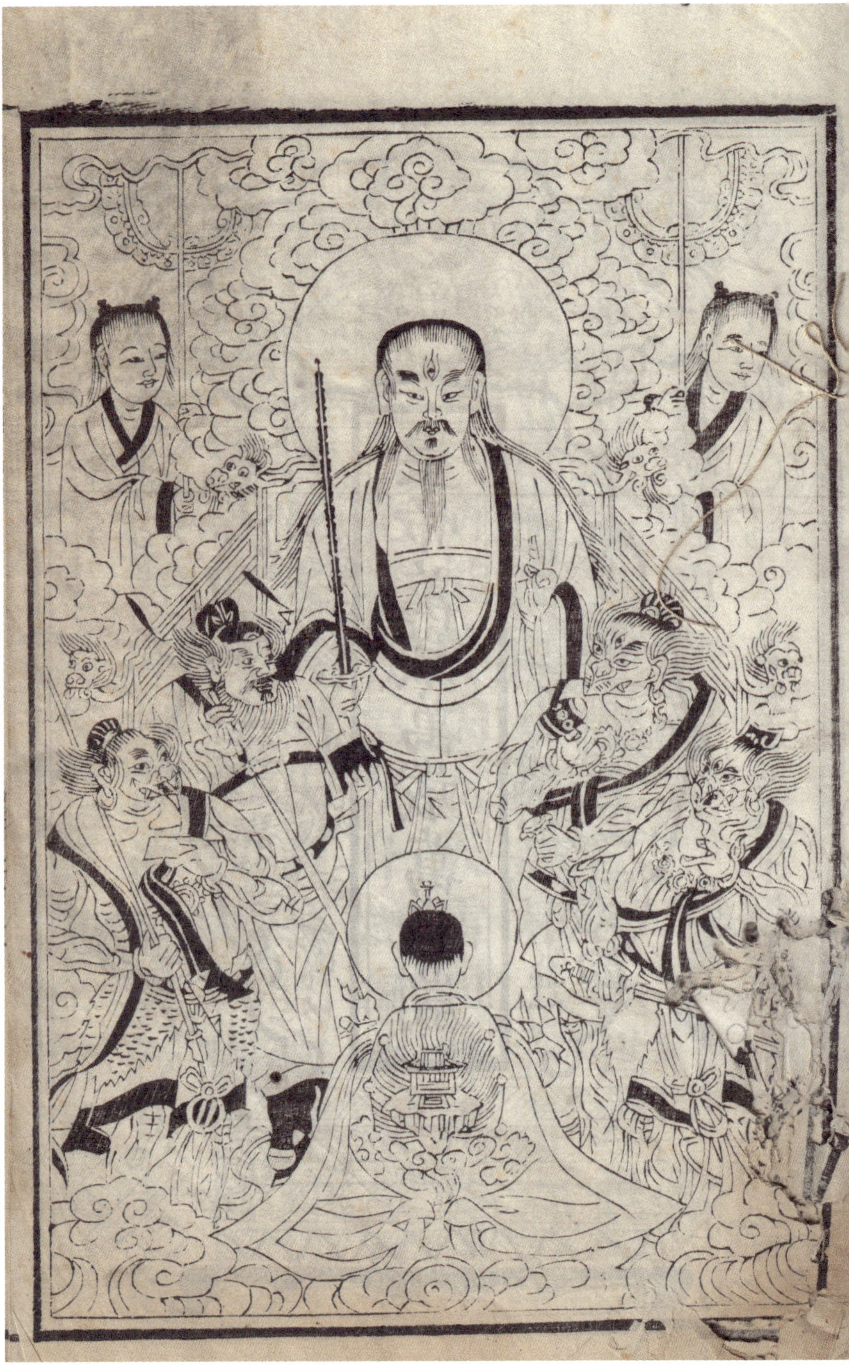

雷文仙音　嗣教玄玄孫弟子[illegible]秘薰[illegible]叩請

紫清白玉蟾真仙註解

九天應元雷聲普化天尊玉樞寶經

這一部經。首稱九天應元雷聲普化天尊者。蓋以九天君。乃玉清元始真王。降化於雷漢玉府。故應元炁於九天。雷乃發生萬物之始。純陽無對。響音洞徹於十方三界。普化於靈聖翠宮。天尊乃炁應諸天。爲天中之尊。人世若無此雷霆妙用。不幾於淪沒而傾覆乎。筆此以証易文之雷風恒是切聖真之萬靈。皆大歡喜而敬禮。信其心受持而奉行此經。終天不至忘其真詮。各生生烝于玄寘之宫。永不淪墜于塵界。受身于浮世。即所云。寧爲聖中之使。不作塵中之人。此經乃不壞之文。不可不三復而信云。

康熙拾陸年歲次丁巳瓜月吉日

嗣全真教龍門派玄玄孫弟子唐清秘薰沐叩書

雷文仙音終　　弟子王理聰薰録

諸聖垂訓 一卷

清佚名編

同治十二年龍陵刻本

內含《太上感應篇》《文昌帝君陰騭文》《關聖帝君覺世真經》《玄天上帝金科玉律》《東嶽大帝回生寶訓》諸種。大字精刊，雲南皮紙刷印，不惟具有很高觀賞價值，亦可見邊地雕版印刷水平。篇末鐫『龍陵下凡善信張其榮刊敬』注記。

版框高一九九毫米，寬一三二毫米。白口，間有下黑口。

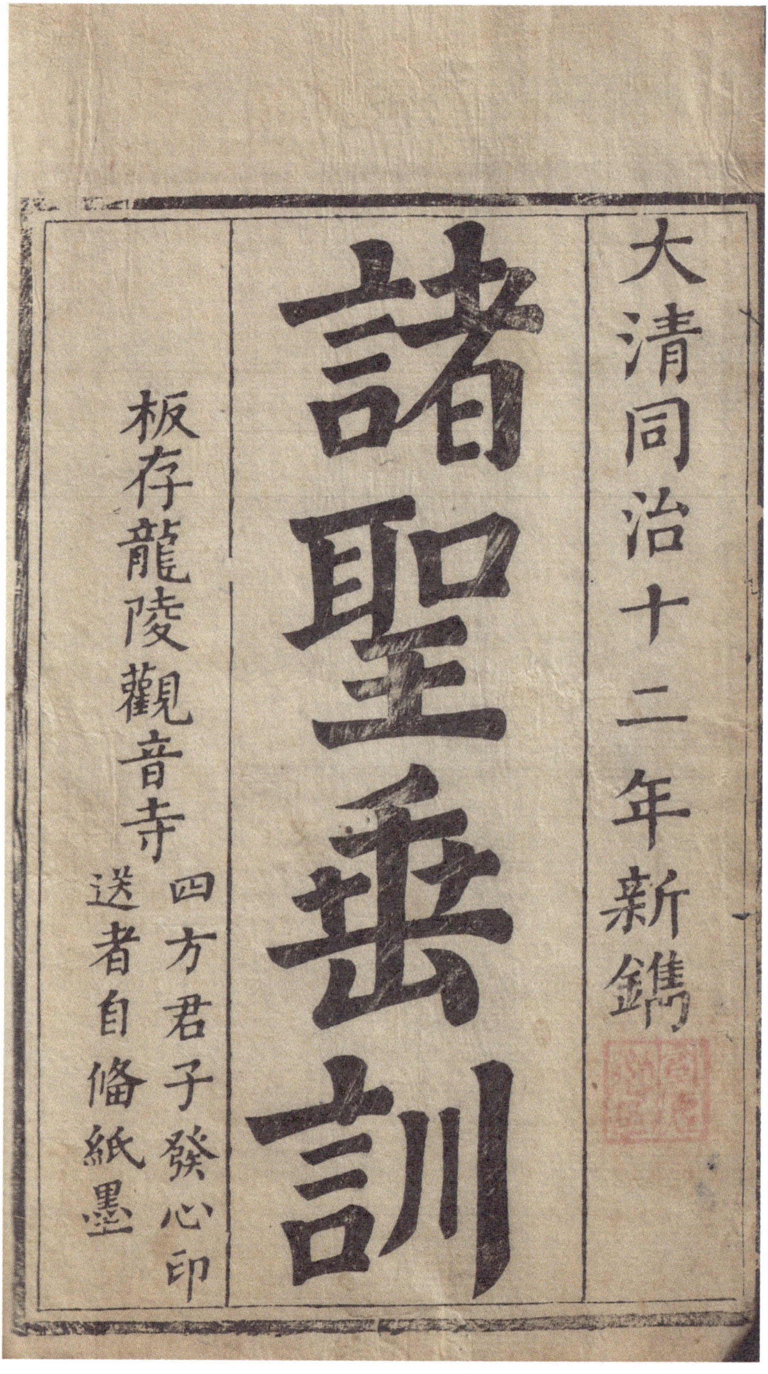
大清同治十二年新鐫

諸聖垂訓

板存龍陵觀音寺

四方君子發心印送者自備紙墨

諸聖垂訓內封面

太上感應篇

太上曰禍福無門惟人自召善惡之報如影隨形是以天地有司過之

功名皆能有成凡有所
祈如意而獲萬禍雪消
千祥雲集諸如此福惟
善可致吾本無私惟佑

暗室燈註解二卷

清胡氏輯

道光二十四年西安刻本

此書爲勸善書合集，編録者佚名，僅知爲安徽安吴胡姓。此等俗書當日雖流佈甚廣，但文人學士不重之，以致刊印較早的完善印本存世無多。此本刊刻時間尚偏早，且刊印於西安，當時此地已遠離文化中心，唯其如此，對研究當地雕版印刷及世俗文化狀況乃有獨特史料價值。

版框高一八六毫米，寬一二五毫米。白口。

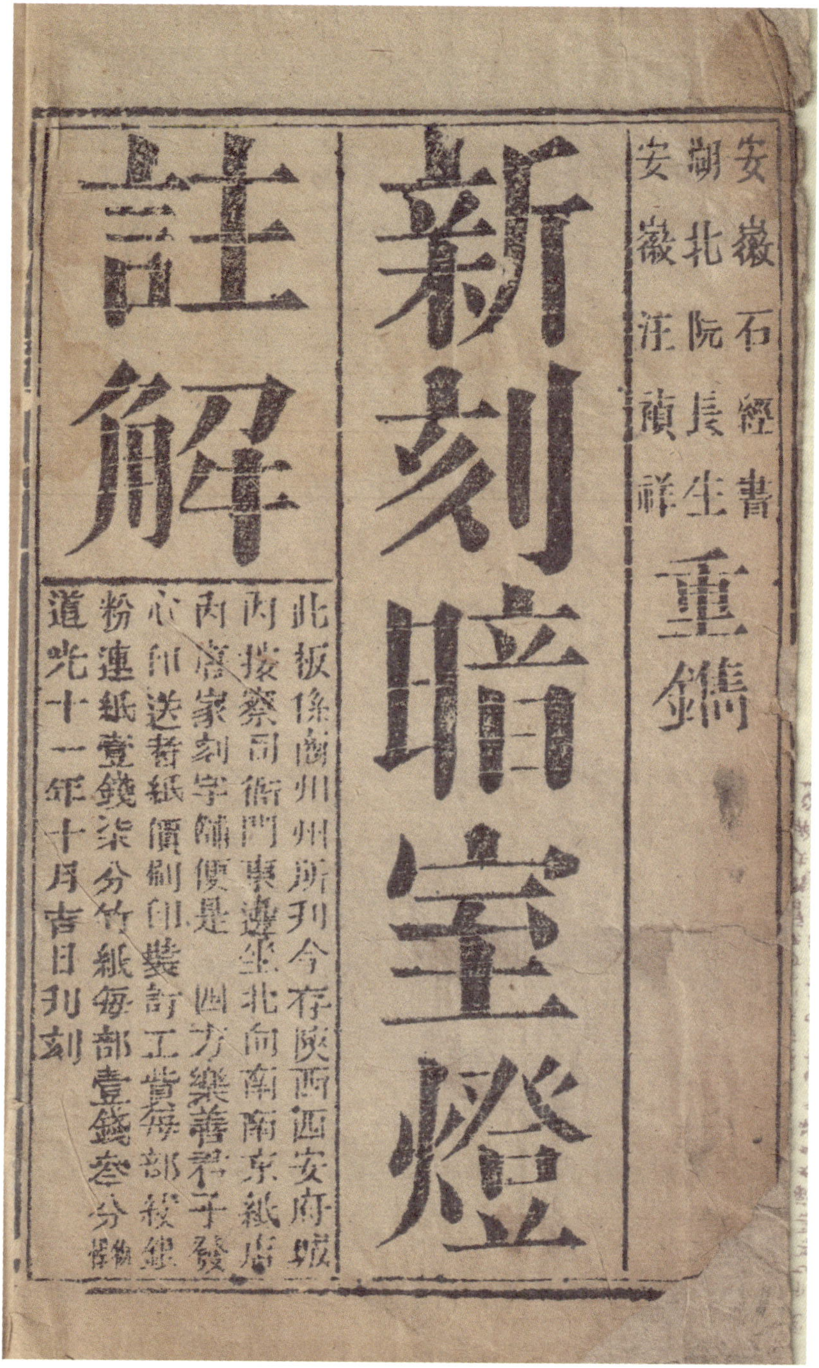
安徽石經書
湖北阮長生
安徽汪廣祥　重鐫

新刻暗室燈

註解

此板係商州州所刊今存陝西西安府城內按察司衙門東邊坐北向南南京紙店內居家刻字舖便是　四方樂善君子發心印送者紙價刷印裝訂工費每部紋銀粉連紙壹錢柒分竹紙每部壹錢叁分[illegible]

道光十一年十月吉日刊刻

⊙ 暗室燈內封面

道光甲辰冬月石中玉書

安徽石經書

湖北阮長青全刊

安徽汪禎祥

此板存西安省城内按察司衙门東邉南京紙店内唐家刻字鋪便是樂善君子發心印送者

來鋪不悞

○夫三教所同者。同其仁民愛物之心也。至其爲道則實有不同。儒教乃入世之道。聖人諄諄教人學之。仙佛乃出世神靈之道。並未嘗教人學習考丹經垂戒甚嚴。謂輕傳者必遭天譴。夫既不輕傳。則得之者寡。世人徒慕其名。不知其實。乃以左道傍門嘗之。無惑乎五代徽欽諸君由此以致亂也。惟其能致亂。故儒者恒以異端闢之。豈知其談認者皆非眞乎。 愚謂仙佛司造化。非治凡民之道其仁覆幬下爲恩最大。人但能誠心敬禮。不必求學。而所學仍嘗宗儒道脈聖人之教。修身濟世。積德行仁。善功圓滿。天心默契。而神仙亦由是乎得矣。昔呂公誨忠良正直

上帝敕爲司直命糾正羣仙。韓魏公德澤深厚。終爲紫府眞君。此皆由儒而神仙者也又奚必他求哉。

文昌帝君亦由儒所致也。

避靜默想神功二卷

清類斯田譯

同治十二年刻本

類斯田（Bishop Louis-Gabriel Delaplace,C.M.）爲法國來華天主教遣使會士，漢名田嘉璧。內封面上題『天主降生後一千八百七十三年歲次癸酉』，下題『主教類斯田譯』。譯者時任直隸北境代牧區宗座代牧，身駐北京。

版框高一五一毫米，寬一〇二毫米。白口。

天主降生後一千八百七十三年歲次癸酉

避靜神功

主教類斯田譯

避靜默想神功上卷目錄

上卷小引

避靜神功。爲靈魂所收之益。處甚大。甚多有前聖
之表樣。可證古經中明載。凡天主欲用某聖。必先
引入深山曠野中。以齋克祈禱。預養心神。以備天
主之差遣。能勝其任。如每瑟阨里亞等是也。新教
將興之時。聖若翰耶穌之前驅。幾乎一生盡在曠
野之中。預備自己。爲能指引人認識基利斯督。且
吾主耶穌傳教收徒之先。尚在曠野齋克祈禱四

慎思指南六卷卷首慎思條例一卷

清朗霽羅旎閣撰

道光三年刻本

作者爲法國來華天主教遣使會士Nicolas-Joseph Raux，漢名羅廣祥。自序云『今願示歸天國者以程圖，將聖教要緊之端，分爲六卷以指告之』。又題『天主降生一千八百二十三年代彼斯波權司鐸李若瑟鑒定』，當即刊刻識語，其時已在作者身後二十餘年，故疑非初刻。惟該書存世版本以此爲最早，今已罕見難求。

版框高一六五毫米，寬一一六毫米。白口。

天主降生一千八百二十三年代彼斯波權司鐸李若瑟　鑒定

慎思條例

慎思之條例，分爲三端。第一端，慎思謂何。第二端，分爲幾分。答三端所得何益。論一端慎思謂何。答曰：有稱爲心禱者，即是用心默思愛慕天主之事也，爲動真情讚美天主，效法吾主耶穌，以及衆聖之善表，勵已爲善，以避惡，何以爲之愛慕。因默思非但是明悟之事，實是愛欲之本分，在謹默之中，慎思天主諸恩，醒已心以愛主，惱恨諸罪，輕慢世俗，勉力神工，故達味聖王默思時曰：我於思想之時，熱愛之火，浡然而生。觀此可知能動心中之熱愛，遠避傷害靈魂之事，喜悅增益各等善工，輕忽暫且之世務，貴重永遠之天堂，意實在可讚美之神工。吾主耶穌同

慎思指南　卷一　一

慎思指南六卷總目錄

卷一

卷二

第一題目思造生之恩。

初思 一想自已自無始之時。至於在母腹中。不過是一個無而已。比不得受造之物。雖微小者。皆有益於人。汝之無有何益於人也。二、既然汝爲無。則或有或無。俱無關緊要。不過因天主特恩。從愛情中造生汝。賜汝形神二分。始成而爲人。三、天主能造汝爲人。亦能造汝非爲人也。俱由得天主。或飛潛動植之物或粗如玩石。或細如微重。均無不可。然天主造而爲人。賦畀靈魂。洞明道理。儼然爲世物之主。這是何等的恩惠。四、造生汝於世。無瘡疾。無瘋症。不聾不啞。目不失明。體無殘缺。是齊全之肉軀。又是何等之造化。五、不但是齊全之體。且又像天主之像。有